歇心靜坐（新版）

the Relaxed Mind

A Seven-shep Method for Deepening Meditation Practice

格龍仁波切——著　張圓笙——譯

Dza Kilung Rinpoche

目錄

祖古東杜法王推薦

扎・格龍仁波切（Dza Kilung Rinpoche）是格龍晉美俄察（Dza Kilung Jigme Ngot-sar）法王的第五世轉世。第一世格龍法王是著名大成就者、開啟大圓滿傳統（dzogpachen-po）《龍欽寧提精要》（longchen nyingthig）教法的伏藏師仁真晉美嶺巴（Rigdzin Jigme Lingpa）的四大心子之一。仁波切在西藏和印度完成數十年的學習與閉關之後，開始無倦地傳法，把他那得自殊勝傳承、原汁原味的智慧甘露，分享給東西方所有根器相應的人。

在《歇心靜坐》書中，仁波切把修心的最關鍵步驟精心編纂成為實修指引——從如何調整坐姿、呼吸、正確住心開始，一直講到如何盡釋心中分別概念，喚醒心的證悟天性。

心，或是識，代表著我們是誰。身體雖然寶貴，但只是一個旅店，讓我們活著的時候暫住其中。死亡之後，我們會有一個快樂的或是一個不快樂的來世，取決於——今生產生在我們心續當中，並以身語行為表現於外的正、負面習性。如果我們的心平和又仁慈，並且充滿敬重，那麼（也唯有那樣）我們的外在表現將自動地成為善行，於是我們成為利益他人的泉源。如果我們讓自己的念頭圓滿聖潔，我們的受苦將會止息，並且我們心的智慧本性將會覺醒。因此，在正念中遵循本書所教的正確步驟調伏我們的心，是核心關鍵。誠如佛陀在《法句譬喻經》中所說：

如果你保持正念於調伏內心的戒律中，
你將享受到幸福。
那些善於守護其心的人，
終將達成痛苦滅絕。

《歇心靜坐》是一個寶藏，展列出佛教徒修心的所有必經階段。它帶領我們從第一步踏上禪修之旅，一路走到最後的體悟，圓滿心的證悟天性。本書盡皆涵蓋一切，沒有必要另覓其他修法。如同寂天菩薩所說：「除此修心法門外，另行他法有何益？」【捨此圓滿菩提心，何有餘善能勝彼？】

——祖古東杜

中文版作者序

我們所生存的世界，正在變得更擁擠、匆促，前所未見。二十一世紀的科技，迫使所有的人與事都更加快速變遷，讓我們難以勝任。由於我們的心很容易受到四周忙碌世界的刺激，人們因而感到越來越忙、越來越忙。許多人時常對自己的表現不滿意，覺得自己不夠好，或是覺得自己的人生成就還不夠。對於現狀不滿足，又把所有希望寄託在明天，導致我們的身體與情緒都高度疲憊，因為我們無法享受那為我們帶來力量與能量的、生命中的每一個當下片刻。

如果我們的心總是陶醉於這個忙碌的世界，也就意味著我們沒有很多時間以正念觀照自己，瞭解自己眼前與未來真正需要什麼。或許我們曉得自己想要追求幸福與美滿，而那就是我們為何如此勤奮工作、忙碌不懈的原因。於是為了照顧自己，我們指望新的方法，例如瑜伽或是靜坐，來減輕我們的壓力與焦慮。這些古老的智慧法門，在現今社會很流行，也經過科學廣泛地證實。但是人們可能並未瞭解或認清什麼是禪修的真正意涵，以及它如何以更深入的方式助益我們的日常生活。靜坐禪修，並不僅僅是一個用來對付我們繁忙生活中壓力的方法而已。

除了減輕壓力，我們還需要以一個不同的角度來認識禪修。靜坐狀態下的心識，能夠讓你與自己的微細身心連結，同時讓你更加瞭解自己。經由此練習，你吸氣與吐氣的節奏變得平衡而放鬆，那會降低你的血壓與壓力。這些立即可見的效果與反應，使人們對靜坐感到熱衷。但如果你學習靜坐的動機只是為了減輕壓力，那麼你體會到的也僅僅只是禪修效益的很小一部分而已。靜坐有助於增進你每一個片刻的生活品質，並不只在有壓力的時候。靜坐還有許許多多特質，能夠幫助你每天的日常作息，以及環繞著你的一切。

當你不受念頭干擾地靜坐時，你會與你人性的內在世界連結，同時體驗在你周圍的各種表象與現象之外在世界。這種本然的內在狀態，也可稱為「心的休憩本性」。當你得以不帶散亂地與自己這種內心狀態連結時，你會發現更多你自己的特質：真正放鬆、內在平和、和諧、滿足、愛、慈悲，以及自知的覺知。與這些內在品質連結，並且更加認識自己，才是真正的禪修。其後，在任何狀況下，你都可以與你的內在放鬆之心結合為一。藉著把靜坐納入日常生活，你將洗滌你的內在本性，修習你人性的內在力量，最終達到自己與他人真正的幸福與美滿。

在台灣，珍貴的佛法成為人們生活中一個重要部分，已經有很長一段時間；許多有成就的修行者每天勤奮地靜坐，並且修習菩提心。每當我來到台灣，就會欣悅地見到人們如何以和善與禮貌對待彼此；到處都在舉辦佛法活動；甚至電視上也有許多弘法節目，供你隨時觀看。只要一有機會，人們就去到廟宇，點燈或是燃香供養佛菩薩，請求佛菩薩圓滿他們的所願。信仰佛法並且積極投入，基本上是重要的，能夠幫助建立一個為自己與他人帶來福祉的有意義人生。但是，如果你總是求佛替你做每一件事情，幫你把成就帶過來，那麼你可能會愚弄了自己，甚至到最後遷怒於佛，因為，在為你帶來成功這件事情上，他並沒有很稱職！佛教基本上不只是一種信仰，它還是一種哲學以及道德與倫理，能夠激勵你去思考，運用你天賦的智慧，並且依循理性而生活。

佛陀自己曾經說過：「智者無法以水為你洗去罪障，他們無法用手驅除眾生的受苦；證悟無法直接地移轉，他們藉著揭露萬法的真相，令人解脫。」【諸佛非以水洗罪，非以手除眾生苦，非移自證於餘者，示法性諦令解脫。】如果你想接收到佛的加持，體悟內在的放鬆與快樂，那麼你唯有靠自己的力量，經由靜坐與修行，才能達成。只靠請求與祈願，它是無法達成的。

只要你具足動機與信心，每一位想嘗試的人都可以靜坐，不論你是不是佛教徒。我希望這本《歇心靜坐》的禪修指導，能夠讓你對日常生活中的正念覺知有所瞭解，幫助引領你行經這個繁忙的世界，保持你內在的安康強勁，並且讓你為自己與他人開展一個有意義的人生。

願你們能花一點時間，幫助自己發掘快樂，並且增進為自己與他人帶來快樂的原因。

願你們有時間去正確地認識自己，因此得以減少替自己與他人帶來痛苦的原因。

扎・格龍仁波切

二〇一八年四月六日

編者序

我至今仍清楚記得自己第一次嘗試靜坐的情景。那已是數十年前了，當時西方社會有關靜坐的書籍寥寥無幾。我找到一本教導基礎禪定的書，我的瑜伽老師又給了我一些粗略的建議。整個感覺就是很酷。於是在那個下午，我在鬆軟的綠色沙發椅上盤坐下來，把背脊挺了挺，閉上雙眼，開始向內心窺探進去。

一剎那間，我發現自己像是被電鑽或是電鋸的嘶吼聲吞噬了。

我身在何處呀？難道我把頭伸進了馬蜂窩嗎？我無法保持穩定，並且開始流汗，像一個坐在牙醫候診室裡的小孩。穿越萬花筒般的紛擾念頭與情緒——有一些彼此關聯，其他的則雜亂無章——我的「靜坐」就像搭了一趟雲霄飛車！

那一座沒有維持很久，而且我不太開心，也沒有從這次經驗中得到鼓勵，但是卻發生了一件非常好的事情，雖然直到很久之後我才體認出它的價值：我認識到這次的變奏演出實屬正常——它並非出於過度疲勞、消化不良，或是和朋友的一次爭端等衍生出來的偶發事件。這是我心識與情緒的尋常世界。它恆時在我的內心上演，只不過是，如今我停下來聆聽了它。而且我依稀有一種感覺，一種毛骨悚然的感受：原來直到那時，我始終是個被自己的強迫症囚禁的犯人。

本書依序呈現的七種靜坐，是一條通往內在自由的道路。它依據藏傳佛教的修行方法，但是你並非一定得成為佛教徒才能接受這些訓練。對於任何一個人的生命與靈性開展，它們都有幫助，無論你是不是某個特定宗教傳統的追隨者。它們為西方人而設計，然而西方文化已四處流傳，並且和所有文化混合在一起，所以或許說它是為「現代人」而設計的還更貼切。

作者格龍仁波切出生於西藏最高、最偏遠的地區。他在那兒的成長環境中，並沒有我們現代生活裡經歷的大部分干擾。因此當他來到西方社會，與目眩神搖的複雜性相遇，並開始在這裡教學的時候，不意外地，他發現大部分學生根本無法放鬆到足夠的深度，進入靜坐核心。基於同樣的理由，他們也沒有辦法察覺各種傳統靜坐竅訣之間的微妙差異與連結：那些竅訣最終應當會將一切導向最深度的放鬆——證悟。瀰漫在我們社會中的匆忙、壓力、焦慮，很自然地影響到了修習禪坐的我們，我們被牢牢綑綁在它的束縛之中。因此在設計這包含七種靜坐的修行體系時，發展深度放鬆成為首要的重點。

過去多年來，格龍仁波切每週固定引導他的學生修持這七種禪坐，以一年為期，周而復始。學生們持續接受引導並且實際修習，年復一年，熱情不減，已獲致相當肯定的成果。主題與修習都一再重複，但是體驗則持續不斷地刷新與加深。這引發出我們一個重要的疑問：若要經由此系統達到深刻的體悟，是否不可或缺的是經由一位禪修大師口傳親授？目前，各主要冥思傳統現存適用的正統靜坐指南，幾乎都是用作某位師長的教學補充材料。它們的編排方式，大都首先羅列一長串的倫理與法義主題，然後附上一段簡短而一般性的靜坐指引。預期中將要由師長打開書本，再經由教學，把空白處填滿。

《歇心靜坐》並非如此。大部分的禪修者並沒有管道得以親近一位具格的禪修教師，或是沒有時間規律地參加禪修的課程，他們得要依靠書本。然而書本往往讓他們摸不著頭緒：「這一切該如何搭配在一起？我如何規畫我的靜坐成為一條可行的靈修道路？」有時候，過了一陣子，又會發現：「為什麼我覺得卡住了？」《歇心靜坐》直接取自格龍仁波切的口頭開示，對於學生們沿途在每個階段所發生的那些通常很細微的問題，仁波切都能適時掌握，一一找出解答。

本書先談靜坐，把任何哲學性或技巧性的題材以及定義減到最少，只在相關靜坐的章節中隨文簡單介紹。（除了介紹七個階段的靜坐，書中還插入「法義回顧1」與「法義回顧2」兩個單元，把法義做了更詳細的解說，並提供了背景資料。）

真正的靜坐體驗具有一種殊勝的感受，所以我們一定要避免被我們從事日常事務——我們的計畫、工作、休閒……等——時慣有的大綱、目標、期望等氣氛帶著跑，這一點至為重要。《歇心靜坐》的呈現方式，避開了上述現象，因此禪修者遵循這本實用而細緻入微的指導書籍自學，將可獲致良好的成效。當然一位具格師長的引導幫助很大，那是我們大部分人若欲達到最高證悟所不可缺少的。但是對於一位誠心勤勉的學生來說，採用這本書，一樣可以走得很遠。

◇放鬆、簡單，與現代生活

禪修的關鍵是心。七種靜坐各以不同方法，去觀察與放鬆我們的心。心可以用很多方法描述，但是瞭解它的唯一途徑只有親自探索——直接觀察它，辨識出它的真實本性。體悟心的本性是進入開悟之門，它可能發生在任何階段；而穩住這種瞭解與體驗，是這本禪修指南的宗旨。

假如這樣看來似乎野心過大，作者不斷提醒我們，這個證悟的天性是我們的真實本然，並不是必須去向外獲取的東西。它就像太陽，永遠在那兒，光明照耀，本初純淨，但是我們的習性如烏雲蔽日般遮擋了它，其實太陽從未改變。此時此刻，我們只是看不見它，忙礙的心覆蓋住我們真實本性的純簡。確實，釋放壓力與焦慮也是禪修的可喜副產品，但是完全的寧靜與自由——證悟本身——才是禪修的目標。這一點永遠不要忘記。

這七種靜坐的精髓是「放鬆」，放鬆我們的心，敞開它，讓澄澈（clarity）與簡單自然浮現。你在書中將會反覆看到「放鬆」這兩個字，再再地重複。你也會發現，自己被鼓勵要徹底**敞開**、**歇息**、**輕柔地專注**、**平衡**，**不要批判**，一次又一次。那是因為，雖然這裡循序講了七種靜坐，但本書並不完全是一步接一步的操作手冊，有許多內容是重疊的。當你一章一章閱讀下去，並且實際投入禪修的時候，這些重複的詞語將會產生更大的意義。這一些靜坐經驗如螺旋般推進，隨著你循序漸進越走越高，相似的主題與指令也有了額外增添的重要性。整體來說，它是一個逐步豐富的過程，然而深度明觀可能在任何一個時間點出現，因為那個深度其實從初始就住在我們裡面。

通往放鬆之鑰是「簡單」。如果我們必須處理一大堆的細節，怎麼可能放鬆呢？為了讓讀者從這些不同形式的靜坐中吸收到各自的核心特質，又不必費力通過佛教義理冗長的學習，格龍仁波切在此提供一條速疾道路。那並不表示這些靜坐如同速食，方便卻沒有太多的營養價值。相反地，它們提供精髓——每一種靜坐所從出處的關鍵點，並且經由實修，將會使得精純又深刻的特質浮現出來。

但即便如此，這是不是相當令人卻步？你可能懷疑：「我到哪裡找時間去？」身為禪修老師的格龍仁波切，學生遍布美國、歐洲、南美洲與亞洲，他越來越清楚，現代生活讓許多有興趣禪修的人沒有太多的練習時間。然而，除了正式上座禪修——我們靜靜坐在那裡時——之外，佛教與其他冥思傳統都時常提到，把禪修融入日常生活的重要性。

禪修應成為生活的一部分，這七種靜坐提供了一座連接正式禪座與動中修禪的橋樑。一個人如果沒有很多時間花在坐墊上，可以利用日常作習加以彌補——工作中、休閒時、吃飯的時候、走路的時候，隨時隨處都可以。並且，當生活中的禪修日趨頻繁而且穩定的時候，正式禪坐也會進步。它們會彼此增強，並且二者同等重要。

◇解開奧祕

要瞭解一個蛋糕只有一個方法，就是品嚐它。這個道理也適用於心，或許可以有一堆相關論述，但它的精義並無法用文字捕捉。你已經讀到一些相當神祕的字眼——**心性**、**本初純淨**、**證悟**等，但接下來的指引，在剛開始時有些可能顯得意義並不明確，因為靜坐永遠會展現出一些新鮮的全新感受，即使可以用相同字彙來表達，但實際的體驗從來不是完全相同的。

因此，你要漸進地適應每一種靜坐，並允許任何看來神祕的指引或解說在你心底過濾。等到它們完全浸潤，你將開始經由自己的觀察來體悟它們的真義。例如，一個短咒語——嗡、啊、吽——從第一章就開始介紹，然後接著的每一章都繼續闡述。

佛教咒語是具有重大象徵意義的唸誦短語，並且有時單由音聲就會產生功效。它開始時好像很直接，可能只是個放鬆身心的方法，以之作為靜坐的準備。可是這三個字所代表意義的重要性越來越大，涵蓋面遠超過只是個放鬆的技巧。在某個階段，它可能顯得很神祕，但若能保持耐性，假以時日，你將瞭解並且**感受出**嗡、啊、吽更深層的意涵。同樣的情形，也發生在**心的真實本性**，以及其他用來形容逐步加深之禪修經驗的字眼——包括放鬆等詞句。

呈現一個主題的方式，基本上有兩種：可以把資訊切割成一個一個次主題，然後以它們作為單元組件，建構出大綱，以一個合乎邏輯的順序，一件接一件地呈現。或者，也可以把素材以更有機的方式展現，如同一條繩索或纜繩的許多分股，每一股對於合成的整體都有貢獻。

格龍仁波切的口頭教學具有後者的有機特質。他從許多角度解析靜坐之道——重複叮嚀著類似的話語，每次帶進一點稍稍不同的細微處，逐漸填入重要細節，揭露其間的精妙連結，並且，當某者對於某特定靜坐或整體靜坐的了悟正在演進時，增添補充一些彩筆。他以非線性特質呈現這七種靜坐，並佐以提醒、解釋、建議、風趣、熱情作為調味——所有一切，都直接導向正面對治我們的習性，使我們得以經由修習，解開我們心的奧祕。本書盡最大可能將這種生機特質保留下來。

隨著你讀過這七種靜坐，並逐一嘗試體驗，請記住：有效禪修以及它的成果，可能不會很快到來。實際上，耐性是靜坐的關鍵元素，當求取成果的急躁平息下來，我們原本擁有的品質才會浮現。此種不耐煩乃是禪坐到達深度與穩定的主要障礙之一，而且急躁與期望緊密相連。如果一進入靜坐就希望獲得成果，我們只是在增加自己的散漫。與其增添更多，此時我們應試著少做一點。因此某一座是「好」是「壞」，請不要介意。而且，無論你能夠建立怎樣的靜坐頻率，要讓靜坐成為習慣，並且規律練習。請記住，靜坐習慣與我們有生以來的散亂與紛擾習慣相違，而那些習性早已隨著現代生活的匆忙腳步深植我們內裡。

◇進一步的饒益

生命隨時在改變。這是一個明顯的事實，也是佛教教義的中心主題之一，稱為**無常**。

害怕改變並不會有任何幫助。如果我們能在靜坐中放鬆，並且和我們的念頭與感受敞開同住，我們可以站在比較有利的位置，當受到生命的嚴苛撞擊時保護自己，並智慧地因應各種挑戰，其中包括身體疾病的挑戰。科學已經證實，靜坐具有顯著的療癒效果。例如，身心醫學的先驅、發現放鬆自療法的班森博士（Dr. Herbert Benson）的許多洞見，都植基於有關靜坐的科學研究。身心間若能有個放鬆的平衡，將會把那些導致各種疾病或是加重病情的壓力，移除或是減輕。

由於這七種靜坐依據傳統藏傳佛教修行的關鍵點，它們適合那些已經長時間練習禪修的人，也同樣適用於從來沒有靜坐經驗的人。靜坐初學者將在這裡找到一條迎接你的入門途徑，將你帶往越來越深的體驗與瞭解；老參們可以帶著益發增添的自在、確信與放鬆，繼續前行。

譯者序

本書教導我們如何靜坐，也帶領我們一步一步練習大乘修心，走向大圓滿的境界。這是一本非常難得、非常殊勝的好書！我這樣說，並非因為我是譯者，更不因為它的文辭優美好讀，甚至，剛開始閱讀本書時，你很可能因為它過於平淡，而輕忽了它。實則，書中七種靜坐的指引點出了修心的所有關鍵步驟，從下手靜坐的第一步到最後的體悟，它全都涵蓋；從初學者到老參，它全都適用。而且，即使你不是一個佛教徒或大圓滿傳承的追隨者，也都能從中獲益。

作者晉美丹真曲紮是第五世格龍仁波切。第一世的格龍法王是密乘心要派鼻祖仁真晉美嶺巴的四大心子之一，他從仁真晉美嶺巴全面得到《龍欽寧提精要》大圓滿要義真傳。仁波切早年先後依止大成就者喇嘛隆多、晉美彭措法王、頂果欽則法王、第四世多智欽法王、達龍哲珠仁波切等多位高僧大德，學習顯密經論、教規教義以及各派傳承的灌頂儀軌。然而，雖身為經典伏藏的傳承持有者，仁波切卻以最簡單的文字，帶領我們從最基礎的靜坐學起。仁波切用心之深遠，除非我們真正遵循書中指引實地去修持，才能逐漸體會。

我們知道，修行不可或缺的元素是動機。我們禪修，是為了清楚見到自己澄澈、無垢染的心性，讓原來本具的菩提心發揮出來，圓滿成辦「自利與利他」的目標。否則，如果靜坐只是為了使心專注，畢竟我們也可能「專注」於某些負面的事情，而失去了禪修的意義。因此仁波切反覆叮囑，修習靜坐首先要正確發心：盡除眾生在輪迴中的受苦，到達開悟的彼岸，才是我們真正的目標。

仁波切又以寶石為喻，說明佛法由許多角度的璀燦整合而成，極為浩瀚、複雜、詳盡。我們經由持續靜坐，使身、語、心寧靜而連結，由粗而細一層一層開啟，逐漸走向深處，最終才能實證佛法的要義，回到心本初存在之純淨狀態。如果我們只是嚮往佛法的複雜性，花了幾十年時光沉浸在深邃的法理研究之中，卻沒有找個時間靜坐下來，實修實證，可能無法達成我們學佛真正的目標，相當可惜。

除了上座禪修，仁波切更教我們「下座禪修」，利用日常作息的短暫片刻，讓心敞開、放鬆、歇息，感受覺醒狀態，透過一點一滴地練習，把修行帶進日常生活，讓禪修的覺受持續。仁波切說，當生活中的禪修達到穩定時，正式禪坐也會有所進展；二者同等重要，而且會彼此增強。

附帶說明，選擇中文譯詞表達書中數十次提到 body, speech, and mind 要平靜、放鬆、開啟、連結、平衡、一起運作、一起歇息……時，我採用「身、語、心」而非「身、語、意」，與貫穿本書所談的「心」用詞一致。此乃佛家所說的心，位於胸部中央，屬於覺受體性，與腦相關，但並非生理學上的心臟或腦。我們經由七個階段修持靜坐，達到三者本然的整體感，最後安歇在心性之中。雖然每個階段所用詞語相同，但實際體驗會隨著禪修經驗而逐步加深，並不完全相同。

一般漢譯佛典講到唯識宗說的心識時，根據李炳南老居士的解釋，有「各事各名」或「一事二名」兩種方式，前者如：第八阿賴耶識稱「心」、第七末那識稱「意」、前六識統稱「識」；後者如：八識又稱八心王，此時「心」、「識」通用，統稱八者。因此，本書若採「身、語、『意』」之譯詞，恐有將原文 mind 代表的意涵局限於主司「思量分別二元對立」之「末那識」之弊。

幾位看過初稿的法友，因恐「身、語、心」係我自創語詞，而感到擔憂。實則，該詞在多部顯密經論中曾經出現，例如：《大寶積經》第三十八卷〈菩薩藏會第十二之四如來不思議性品〉云「或有諸行非身語心，或有諸行由身語心而得清淨」；《大方廣佛華嚴經》第十八卷〈明法品〉云「……莊嚴一切諸佛國土，及諸相好身、語、心行成就滿足……」；《大方廣佛華嚴經》第九卷〈入不思議解脫境界普賢行願品〉云「智眼清淨，無諸垢翳，身語心行，悉皆清淨」；《成唯識論》卷四云「又契經說住滅定者身語心行無不皆滅……」；《大毘盧遮那經供養次第法疏》第一卷第二品云「世尊以遍滿一切佛剎身語心輪，說此三昧耶」；《大日經義釋演密鈔》第七卷云「身語心輪者，謂世尊三業猶如車輪，心為轂，語為輻，身為網……」。故似應無此慮。

最後，我想分享與仁波切結下深厚法緣的故事，邀您同來讚歎這位偉大的老師、尊貴的大圓滿傳承持有者，以及他那不可思議的悲心。

我於二〇〇六年與仁波切在美國波士頓相遇。一個飄雪的冬日，我去參加一天的導引禪修（guided meditation）活動。當時我只有少許顯教基礎，零星接觸過一點藏傳格魯教法。經過在仁波切座前一天的禪坐，起座之前，我竟然感到滿室鳥語花香，無法理解！回來之後，我寫了電函給仁波切的僧伽團體 Pema Kilaya，請求成為他的學生。沒有料到，不久我的家庭連續遭遇變難，我因而失去了心力，不告而別。直到二〇一五年的一天，時隔九年，我忽然收到仁波切的電函，問我：「妳還記得我嗎？」他說，一直都把我放在祝福的名單上，每天為我祈禱。最近他感覺我需要幫助，卻找不到我，直到那天，一張寫著我電郵住址的紙條從筆記本中滑落……

我當然沒有忘記仁波切，也不可能忘記那個飄雪冬日記憶中的鳥語花香。

仁波切把翻譯本書的重任交付給我。我誠惶誠恐。初稿完成後，特地飛到美國西雅圖北面的惠德比島，把疑問之處當面請教仁波切。之後，我來來回回修改，兩年過去了，不敢說真正「浸潤」，但收穫之大，無法形容！這些年來，我也如前面所說，苦讀深奧法理，知見塞滿胸臆，卻因沒有靜坐下來，一直還在找尋真正能夠讓生命改變的路，不料老師竟回頭尋我。

鄭重地，我把本書獻給您，願您也來試一試，跨越質樸平淡的文字，深入仁波切法教的精髓，讓心歇息，讓心自在，走向圓滿。祝福您！

張圓笙

前言

◇靜坐的價值

大家所共處的世界，正在一天天變得更緊縮、更繁忙。因為這個緣故，困擾我們的問題越變越多，到處都是——心中是各種思想與情緒，日常生活環境中充斥著緊張忙碌的步調。

這一切都對我們造成壓力，以致我們的行為經常失衡。我們不讓事情自自然然地發生，自由的感覺已蕩然無存。對於這個輪迴世間，我們並不完全感到自在或滿足。這是一個由於我們的心理模式與感官知覺被障蔽了、眾生所體驗到的世界——由心所創造的世界。

我們有必要為自己創造一種有意義的生活方式，使我們的內在與外在世界都喜樂而祥和。當我們以靈修方法，例如靜坐，來替自己充電時，上面說的許多問題都會減輕，甚至迎刃而解。靜坐的功效不只在於釋放壓力，還可以化解我們的憂愁和抑鬱，幫助我們矯正那些失衡現象，讓生命向前邁進。

當我們生活中的物質層面進展順利時，可能會以為自己將不再受苦，但這不是事實。只要我們的心還照著原來的方式運作，物質條件或許對於我們所遭遇的痛苦與艱難有一點點小幫助，但是幫助不大，也不持久。我們必須倚賴內在的力度，那就是內在的喜樂。而我們一旦經由靜坐開始發掘到它，應當使它永續，並且讓它增強，這樣我們才能隨時自我滋補。

我認為建立真正幸福的關鍵是：即使當外在條件完美無缺時，我們永遠不忘這一把內在的鑰匙。那是因為一切都是無常的！誠如佛陀所說：「沒有任何東西保持不變。」[1]我們可能建立了扎實的靜坐修持，然後當外在環境轉為順暢時，便告訴自己：「嗯，我已不再需要它了！」或許我們會逐漸懈怠，於是練習逐漸疲軟。但是，無論我們現下擁有怎樣的外在條件，其實它們都會改變，而且一定會變！

佛法認為，沒有任何事物恆常不變。但如果有什麼算是比較接近恆常的，那就是我所

1 《增壹阿含經》3.65，坦尼沙羅尊者英譯《增壹阿含經選》（Handful of Leaves），第3卷，美國加州，Valley Center 慈林寺出版。

說的「內在喜樂」了。它比外在條件可靠，因為它與我們的心靈[2]住在一起。**心靈**是一個重要名詞，本書將不斷提到它。**心靈**與**人類靈性**（善良、正向、智慧的能量中心）同義，也和「在你最誠摯的心靈、最深的直覺裡，你的感受如何？」句中的通俗英文詞語「**誠摯的心靈**」詞義類同。這一個心——請勿與大腦（brain）混淆（雖然二者相關）——的生理部位坐落在胸部的中央。心靈的真實、內在意涵，必須經由實證與直觀才能了悟。一旦我們真正認識了這個內在的喜樂，就不容易再失去，沒有人能夠把它奪走。因此，我們可以稱它為內在的或是完全的自由。

建立我們的靜坐修持就像擁有一座花園。建造花園（選好地點、備妥土壤和其他資材）是一回事；持續地照料，維護好這座花園，是另外一回事。兩者都到位，你才會有豐美的成果——一座持續生產著美麗、高貴產品的好花園。因此我鼓勵你們，如果有機會，每天練習一下靜坐。有那麼一天，你將會感覺靜坐毫不費力，任運自然，因為你已習慣於它。

再則，任何能夠領你進入與自己的內在本然接觸的靜坐、瑜伽或是療癒法門，我都鼓

2 譯者註：為便於西方讀者理解，作者採用複合名詞 heart-mind 稱呼這個佛家所說的「心」，本書姑以譯做「心靈」。它位於胸部中央，是覺受體性，與腦相關，但並非科學說上的心臟或腦，它可以感覺或是與深層連結。以下貫穿本書則多以 mind 字代表這種心，直譯為「心」。

勵你們去修習。我認為，這樣做不僅有益個人，也對世界的整體真的很有幫助。

曾經有一個年代，或許是百年以前吧，你居住的地理位置可以決定你的生活形態。只要資源許可，你可能很容易就找到一個寧靜又很少干擾的處所。但是時至今日，隨著科技、貿易、商業、交通等的發展，所有地方都變得大同小異——全都忙到不行。如今我們必須找尋內在的安寧。如果能夠找到它，我覺得那會是我們餽贈自己與別人最棒的禮物！

每天靜坐，可以改善我們的健康與生活，至於提升我們的精神品質，以及增進我們對於自己心性的認識，那就更不用說了。

佛陀的教誨告訴我們，唯有經由認識心性（the nature of the mind）瞭解到的事情才具有重要性。**心性**與所謂的**佛性**、**本初意識**或其他名詞同義，意指覺知（awareness）的終極、純淨本質。即便每天只是花一點片刻，藉由不帶散漫地真正觀入我們自己的本然，我們可以證得那個。你不需要離群索居，也不必拋開社會、家庭與工作。即使你身邊環繞著精力旺盛的兒童、電話鈴響、喧鬧的鄰居，你的心安然無事——快樂而寧靜。只要時不時地找個幾分鐘時間，純粹感受一下內心的寧靜，不論心中現起什麼，儘管徹底敞開，你將可以發展出這種內在的柔性。

不管當下發生什麼狀況，請允許自己安然自在，向它敞開，幾分鐘就好。如同蘇菲派詩人魯米（Jalal al-Din Rumi）的詩句：「昨天我很聰明，因此我想改變世界。今天我有了智慧，所以我正在改變自己。」

那小小的舉措，力道真是強勁！由於我們過往以來一直這樣持續地忙碌，不是做這個，就是在忙那個，對於這種具有緩解作用的滋補源特別渴求。利用這種心靈能量，我們等於在以一種殊勝的方式自我補養。

如果你每天能這樣滋補自己一段較長的時間，那非常好；但假如你每天只有五分鐘或十分鐘空閒可用，幫助仍然很大。你不必剛開始起步就是個「禪修達人」，所有你需要做的，只是讓心與意[3]達成協議：「我們休息吧！此刻沒有理由跟隨念頭漫遊，也不需要擔憂。且讓我們放鬆，並且開啟。」你甚至完全沒有必要關閉念頭，儘管與它們共處，但不要過度關切或是介入。讓那兒只有完全的開放，然後放鬆於其中。

◇進一步審視靜坐的價值

佛教徒靜坐，主要的概念是為了調伏其心。人類具有強而有力的心識——驚人的智能，

3 譯者註：全書中作者數次把「心」與「意」並用。此時，「心」（heart）字代表可以感覺或與深層連結者，「意」（mind）則是負責思惟與分別者。

但同時也帶來許多併發症。那是因為，通常我們並不認得、也不珍惜我們生命的良善與積極面。每個人的內在都本具慈心與悲心——開放、真誠，全心擁抱自他的一顆心。假如我們把對於心的認識以及運用這些知識的技巧，納入我們的本領當中，生命將大不相同。

靜坐將幫助我們辨識、活化我們這些正面的品質，並且，經由靜坐，它們終將成為我們日常生活的一部分。一旦瞭解這些好品質始終與我們同在，我們將開始在生命中歡欣鼓舞，我們會更加珍惜它們，而那會鼓勵我們更加地正向積極。因此經由靜坐，我們的心會變得更睿智、更醒覺。我們長久以來所渴求的歡愉和滿足感，現在與我們連結上了。

達到這一切的關鍵是放鬆。以目前二十一世紀來說，外在的物質世界飛速地發展，改變的速度超級快！我們都被影響了，尤其是帶著一種「我們總是落後了些」的感覺，必須恆時追趕進度，否則就會落後更多！有一種普世的匆促與焦慮感。我們的自我感受——我們的自我（ego）——如此奮力追上，以致只有極少的注意力與價值觀給了我們的內心世界。

另一方面，推動這一切的現代科技發展看似技巧高超，前景樂觀，但我認為它面臨的是一個巨大挑戰。這件事實，從我們都嘗受著許多痛苦，就能證明，無需每天的新聞報導再來提醒。在我們自己的心中，總感到不滿足，並渴求一些外界發展無法給我們的東西。我們的心被拋在後面，而仍殘存著希望能夠更好一些的想望。

一個普遍的例證是：我們去度假，原本的用意在於暫離工作場所，擺脫我們被工作驅役著的常態生活中所有的忙碌。但當我們抵達度假地點——海邊、山上或森林裡——的時候，我們的心卻還在忙碌。既然它沒有休假，我們也沒在度假。

我們都有過類似的體驗，而且或許我們已經察覺，由於現代生活的快速腳步，我們的心經常是狂亂而無法約束的。某些時候或許我們希望自己的心能夠專注而寧靜，但心它就像個淘氣的孩子，總是四處暴走。我們從靜坐中得到的訓練，可以讓我們有能力達到一種在專注與放鬆之間、非常有用的平衡。

靜坐對於任何年齡層的人都有益處。以年輕人來說，若能把靜坐養成習慣，雖然一開始時可能功力不高，但他們正在播下重要種子，若能養成靜坐習慣，未來將會結出果實。這對於才十幾歲的青少年特別具有挑戰性，他們——如同我清晰記憶中年少時的自己——有著無比的精力與動力，什麼都想盡量去學、去體驗。

但同樣地，對於成年人來說，靜坐也可以提供一個新的角度，去審視賺錢營生與身為成長中家庭成員之間的複雜性。

對於老年朋友來說，靜坐最起碼是個有用的工具，可以用來對治長期積累、根深蒂固、可能已經演變成為棘手問題的那些習慣。我們並無法保證退休後的舒適——自由的時間和輕鬆愉快的環境——會帶來我們渴盼的心靈喜樂與寧靜，這時候，靜坐可以提供瞭解自己的精神與情緒狀態所需的放鬆與洞見。

當我們向內觀照時，如果心能放鬆，即使是個活躍的年輕人，這也將使得其生命變得大不相同，事情可以處理得更有智慧，更具正向性。

我的用意是，希望每一位有意願的讀者，都能從這七種靜坐中得到一些可以正面應用到日常生活的東西。這是根據我的信念：靜坐，並不是寺廟中的比丘、比丘尼，以及嚴峻山洞中的苦修瑜伽士、瑜伽女的專利。

生為人類，我們的心全都具有相同的基本特質與複雜度，包括受到「自我」的驅策，我們有貪欲，以及對快樂的希求等。如果我們經由持續練習，使靜坐成為常規，會有那麼一天，當我們在下了蒲團的活動當中，喜樂會油然而生，不費吹灰之力。但如果我們不做一些努力，靜坐的功效永遠也達不到持續穩定。

經由長期修持，成為習慣之後，我們會發現，即使只是聽到**靜坐**兩個字，將會導致我們的心立馬進入禪修的質量、智慧與能量狀態之中，就像擦亮一根火柴燃起火苗，在一瞬間就把空間照亮一般！

一旦禪修成為你生活的一部分，你會發現你的修為會向他人正向輻射——它的和善與寧靜影響到整個環境。當你和其他禪修者一同靜坐時，這種效應尤其強大。無論有意或是無意，你肯定會利益到他人。

你或許曾經注意到這種效應的一個負面佐證：在一個開放空間，例如公車上或是公園裡，你看到某些人正在嘶吼或是鬥毆，周圍環境中的每一個人都變得焦慮、不安與緊張。即使沒有任何理由需要害怕，你卻變得非常恐懼。正如同激進的思想與行為會散發出負面的波動一樣，正面的影響也會從靜坐產生的和平與慈愛態度中生起。

因此，如果我們期望世間有和平，環境能復康，首先我們必須向內觀照，療癒自己，然後把這種正面的影響向外擴展。來自一群靜坐者的強大能量，可以幫助療癒這個地球，為一切有情帶來福祉。

◇開始上座禪修

如同正式禪修一般，一旦進入七種靜坐的任何一種，建議你遵照藏傳佛教傳統的建議，以「短時、多次」為原則。至少在開始階段要把握這個要領：每一座的時間短一點，但次數要多。

如果一天能夠有十座，每座五分鐘，那很好。你可以把**短時靜坐**安排在日常作息當中，如上班中的休息或是閒置時間。或者，如果你是一名學生，搭車往返學校的時間也可利用。你不必坐得直挺挺，看起來就像一尊佛。（「看哪！今天在我們的巴士上有一尊佛！」）那樣你可能會感到有點尷尬，心想：「我還不是佛啦！我仍然是張三。」沒錯，你肯定仍然還是張三。但是你的心今天已經不一樣了。怎麼說呢？因為張三平常總是在擔心：「能否準時到家？可別過站忘了下車！」可是今天他比較放鬆，不再為回家途中的車況擔憂——他的內心比較安詳平和。

我是佛教的禪修者，一個出生和成長於喜馬拉雅高山區的西藏喇嘛。如今我在西方國家居住、旅行已超過十五年。這七種靜坐，雖然我依據的是西藏佛教傳統，但也是我為了現代禪修者而特別設計的。我希望你們對於用序號呈現的七種靜坐——七種不同形式的禪修法——的指引，會感到非常自在舒服。

然而，有一些意義重大的主軸線，是貫穿全部七種靜坐的，這一點很重要，你們要明白。七種靜坐並不能真正完全區隔。首先，它們是漸進式的，第一章作為第二章的準備，第二章是第三章的準備……依此類推。但同時，假如你發現其中某種靜坐對你而言特別具有吸引力，那麼你持續地做那一種，也沒有什麼不對。也許過一陣子，你就會想探索其他那些靜坐了。

把七種靜坐依序走一遍將很有幫助，至少在初始階段，每一種都得到一些知識與經驗。因為，有一些主題與技巧是各種靜坐共通的，可以從一種靜坐到下一種靜坐，發展得越來越深入。共通主題之一是「漸進地調伏我們這個躁動、狂野、『搗蛋』的心，使它變得更專注」。另一個則是「發展一顆自在的心」——這占了調心過程很大的一部分，也是最重要的。

隨著你依序往下走，你會發現，要達到這種放鬆與專注的狀態，你所需花費的力氣越來越少。最終，心可能變得有智慧，任何用來對治精神散亂與波動的藥方，都不再需要。這是識出了心性、覺性——覺醒的狀態。

我已經以一年時間為周期，將這七種靜坐週而復始地帶給我的學生。如果你也循序練習，使每一種靜坐都浸潤，也徹底熟悉全部七種靜坐，你會發現它們對你的幫助很大。

第一種靜坐（重點放在禪修的生理層面——感受你的身體）持續一個月。第二種（止修）需要練習兩個月。第三種靜坐（精純基礎坐禪）一個月。觀修（**毗鉢舍那**）持續兩個月。第五種（敞心禪修）做兩個月。第六種（淨心禪修）與最後一種（離念禪修）各持續兩個月。如果你願意，當然每一種都可以持續更長的時間。

你可能好奇想知道這七種靜坐的來源。藏傳佛教結合了各種佛教傳統，包括：早期的南傳（小乘）佛教，它著重個人的開悟；後來的大乘佛教，行者追求開悟的動機是，祈願解除一切眾生在輪迴中的痛苦；還有金剛乘，把一切經驗看作本來清淨而且已經覺悟；以及**大圓滿**，強調一個人歇息在自己的本初明覺——佛的覺醒狀態中。七種靜坐的前四種，取材自南傳佛教傳統。第五種比較屬於大乘佛法風格，第六種是金剛乘，第七種引入大圓滿禪修[4]。

大致來說，第一至第四種靜坐（第一部分）的設計是為了把心——它通常極為忙碌——靜下來，以便與內境連結。在初期的每一種靜坐中，心會逐漸變得更為專注。後三種靜坐（第二部分）著重心的內在品質與感受，教導行者在那兒歇息下來，不帶任何心理作意（Mental fabrication）。如果你在第一部分進展太快，進入第二部分的時候，你可能會起疑：「類似的指引先前已經說過，為什麼作者在這裡又要重複呢？」所以你應該多花一點時間練習初期的靜坐。詞句或許類似，但是第二部分的靜坐要比第一部分精微（subtle）許多，需要先有第一部分的體驗，才能充分瞭解。

4 Dzogchen，譯作「大圓滿」（又稱：無上瑜伽），是一條快速、直接到達證悟彼岸的道路，植基於辨識出心性——覺知純度。它被歸屬為佛教金剛乘傳統。

☆七種靜坐摘要

一、第一種靜坐：**粗階基本坐禪**（藏文 shad-gom）。在靜坐中結合心與身的覺知。靜坐不只是為了心，我們在放鬆之中把身心帶到一起，並學習坐姿，全部是作為下一章止修之準備。

二、第二種靜坐：**止修**（藏文 shi-ney，梵文 shamatha）。把注意力置緣於一個對境上，使我們自己從念頭的干擾中解脫，到達一個寂止狀態（a state of calm）。

三、第三種靜坐：**到達澄澈—精純坐禪**。寂止轉進入於澄澈、鬆緩、能量、激勵（inspiration）。

四、第四種靜坐：**觀修**（巴利文 vipassana，藏文 lhag-tong）。觀察穿透表層，進入我們的內在本性，到達諸法實相。看清事物的本來面目。

五、第五種靜坐：**敞心禪修**（大乘的方法）。更廣闊地觀察內心與外境，作為平等悲心之基礎，修習無量捨心，取代對自他二元（duality）的執著。完全洞開的空闊經驗。

六、第六種靜坐：**淨心禪修**（金剛乘的方法）。更加敞開，以創造一個二元間和諧而無偏的平衡，我們超越那些與實相之清淨本質不相符合、烙印已深的習氣。

七、第七種靜坐：**離念禪修**（引入大圓滿）。允許心歇息在行者自己心靈之無造作本質狀態。不費力地歇息在心性當中。體驗超驗（transcendent）智識：本初純度（primordial purity）。

第一部分

每一章的開始，首先簡介該種靜坐風格，接著概覽主要元素，有時增補一些與主題相關的內容。篇章的後半包含實際靜坐的描述，以及更明確具體的指引。接著表列一個簡短的建議事項，方便禪修者記憶或在上座時參考，作為一種提醒或鼓勵。每一章結束前，有一個「問與答」單元，內容取材自格龍仁波切帶領學生做「引導禪修」時的錄音。

第一種靜坐：基礎坐禪

- 在進入禪坐前，先把心事、未完成的事情清理完畢。
- 拋掉任何的緊繃、僵硬、壓抑。注意力不要集中得太緊或太鬆，保持放鬆即可。
- 感受身體，心與身體的感覺深度結合，在靜坐中一起歇息下來。
- 此階段不處理一些複雜的步驟，如專注於觀想或是數息，不加重心頭的負擔。

◇結合身心，打好地基

第一種靜坐重點放在身體，藏文稱之為 shad-gom。Shad 的意思是「分析式的」（analytical），gom 是「靜坐」。修習這種靜坐時，行者要把自己的身心掃描或是檢查一遍，看看二者是不是都已經放鬆、休息下來，所以稱為「分析式的」。

在這裡，我們要把身與心連結起來。我們可能有一個先入為主的概念，以為靜坐只為了心。人們有時以為靜坐就是為了減少念頭或是處理念頭——或許就是用心觀察著念頭，以專注力跟隨著它們或是其他對境吧！如果是這樣的話，那麼心可能會說：「嗯，我很好，沒有被任何事物分心，所以我不必在意身體的狀況如何。」但實際上靜坐不僅於此。心必須與身體的感覺深度結合，它們要在靜坐中一起歇息。

用**粗階**形容第一階段的靜坐，那是因為重點放在身體——我們能夠觸摸或感覺到的感官觸受。實際上，在所有的靜坐練習中，身體都是非常重要的基礎。身心二者之間必須有一個平衡。如果身心是分離狀態，身體歸身體，心在另外一個地方，那麼由於缺乏正念（mindfulness）所提供、放鬆的溫柔風範，身體可能會像雕像一般的僵硬。心獨自快速前行，而身體——因為無法跟上——變得很緊繃。

當你上座禪修時，有時心裡還存留著一些未完成的事情。你最好在進入禪坐前，先把心事清理完畢；或者，如果你已經開始靜坐，而這些念頭仍在心頭盤旋，那就要盡快放它們去歇息，輕輕把注意力帶到身體，看看感覺如何。以這種堅定再加上溫柔的態度，可以讓我們避免平時匆匆忙忙趕著做事、只是為了把事情處理完可以收工的那種習慣。

靜坐的時候，品質遠比速度重要。這是關鍵點，永遠不要忘記。如果你的心與身同在，你的感受與平常時坐著工作、吃飯……等，是完全不同的。你變得比較放鬆，有一種休息的感覺，並且你的覺知當中會出現一種幸福感。當你體驗到輕鬆以及一種很廣闊的開放感時，代表你的身心同在、連結，並且是和諧的。

在家中或其他你打算靜坐的處所設置一個專屬空間——一個干擾很少，讓你覺得自在又受歡迎的地方，一個適合你修習靜坐、養成禪坐習慣的環境——是個好主意，將會為你帶來推動修行的正能量。

再花一點時間精力，挑選一個你將要用到的打坐墊。這時你的禪座將具有一種吸引力與令人嚮往的特質，它好像在告訴你：「嗨！或許你願意來靜坐幾分鐘？我空等好久了，有點想念你呢！」如此你的環境將不同於過往，它會策勵你發展出禪修習慣。

此外，在固定時間練習靜坐則是另一種正向的助緣。

◇什麼是靜坐？

打坐的時候，我們究竟是在做什麼？我們正在轉化精神狀態，從平日的忙忙碌碌進入放鬆自在。這是我們都非常需要的。剛開始練習時，我們對於管束自心並不特別感興趣。我們不必對自己慣常的意識狀態做批判，告誡自己：「心啊，你這個頑皮蛋，你真狂野。不許這樣！」我們應當輕鬆些，敞開，不要那麼在意是否握有掌控權。於是我們得以和緩地起步，只在心開始偏離的時候，把它帶回我們身體的感受即可。

在此階段，我們並不處理一些複雜的步驟，例如：專注於觀想，甚或是數息。這一類的細節，在更精細的靜坐階段會遇到，此時我們不想用來加重心頭的負擔。

心喜歡複雜的東西，對於某些較為複雜的靜坐形式，起初我們可能覺得心頭癢癢、躍躍欲試。但是它們所需花費的力氣，不久就會耗盡我們的能量，而我們對於靜坐的興緻也將消褪。因此，我們一開始先建立一個穩固而舒適的基礎，緣著身體靜坐。我們不是在趕時間，而是歇息在放鬆之中，通暢無阻，對於能量在身體中如何運行著，保持覺知。

如今，身處現代社會的我們，可以接觸到許多來自不同文化、對身體相當有益的體能活動，有很多人練習瑜伽、太極或是其他健身運動。從佛教的觀點，我們擁有「有形身」

與「無形身」兩種身軀。有形身就是我們平時所說的肉身；無形身有時稱為**微細身**（subtle body，類似於中國太極或針灸理論中談到的經絡或氣），它是身體能量的一種投射，非肉眼可見。如果我們的有形肉身是放鬆的，微細身的能量也得以增進。我們的微細身是由脈（channels）、風（winds）與能量（energy）[5]組成，它們調節著身體裡面能量的運行。這個主題我們在此暫不深論。但是當身體姿勢良好，並且被悉心照顧著的時候，會讓這些脈、風、能量運作良好，使身體感到順暢而愉悅。

◇姿勢：在舒適中靜坐

第一種靜坐，我們把重點放在「讓身體深深感覺到靜坐」。為達這個目的，我們需要找到一個穩定、舒適的姿勢。你可以在椅子上靜坐，但是，雙腿盤坐地上非常值得一試，因為這樣可以給你一個更端直、穩定的姿勢，讓我們身體的能量能夠更平順的流動。

我們看到的佛陀畫像或是雕像中，佛總是端身正坐，不會向任何一邊傾斜；佛通常身

5　譯者註：或譯為脈、氣、明點，分別指能量的通道、能量、能量種子。藏文分別為 tsa、lung、tigle。梵文為 nadi、prana、bindu。

體端直，雙腿盤起結蓮花坐[6]（圖1）——雙腳分別擱在另一條腿上。

如果多年來你都習慣於坐椅子，可能對於盤坐地上會有一點畏懼。但此時就是一個嘗試的好時機。然而盤坐需要肌腱柔軟，因此你得循序漸進、逐步進入某個簡單的盤腿姿勢。練習瑜伽有助於提供你所需要的柔軟度。當身體開始放鬆，也會影響到心。心會說：「是的，我可以做到！」然後身體跟隨著心去檢查是否確實可行。但是如果身體害怕嘗試，那麼心就會說：「不行，我辦不到。不要嘗試！」這時候，你已經被恐懼俘虜了。

一般而言，禪修中我們需要敞開，也要有意願去改變、演進。因此允許我們自己嘗試新的、更富挑戰性的坐姿，也屬於禪修的一部分。經由和緩而漸進的努力，你可能會發現，先前認為具有挑戰性的姿勢已經變得可行，最後甚至還覺得相當舒服。

我發現很多人從孩提時期就養成坐在椅子上的習慣，因此有些人非常難以把雙膝彎曲成銳角，甚至完全辦不到，因為他們永遠被椅子高高撐起來，雙腿自然地張開。此外，靜坐還有一些安全方面的考量，因為有些人可能有骨折、關節的毛病或是神經方面的問題，醫生可能囑咐你不要過度彎曲膝蓋。如果有以上這些情況，你當然應該遵照醫師的囑咐，

6 又稱跏趺坐，雙腿盤起，腳底朝天，右腳放在左邊的大腿上，左腳放在右邊的大腿上。

確保不要弄傷了自己。

既然蓮花坐對於你們許多人可能挑戰性太高，以下一些其他姿勢也很有用，你們可以試一試：

半蓮花坐（圖2）：或稱半跏趺坐，與蓮花坐類似，但是只有一隻腳盤放在另一邊的大腿上，例如：以左腳盤放在右大腿上，右腳貼在地面，藏在左腿或左膝蓋下方。和所有其他姿勢一樣，左右腳要不時輪替，以免單邊過於勞累。

緬甸式坐姿（圖3）：左腳抵著右大腿腹股溝處，右腳平放在左腳前方。（當然左右可以交換）。

這個姿勢另有一個較輕鬆的版本，就是右腳放在左腳前方一呎左右的位置（圖4）。

簡單坐姿（圖5）：雙腿交盤，左腳在右大腿下，右腳在左膝下（然後過一陣子左右交換）。

密勒日巴坐姿（圖6）：用一隻手臂在身體的背後支撐著。

你可以採取以上所說盤腿姿勢中的一種，左手掌張開或握拳，放在左臀後方的地上。右手放在右膝，手心蓋住膝蓋或是手掌朝天擱在膝蓋上面都可以。同樣的，時常左右輪替。

大部分人採取以上這些坐姿時，是坐在坐墊上面（圖7）。建議你試一下不同高度、形

圖 3 緬甸式坐姿

圖 1 蓮花坐

圖 4 緬甸式坐姿較輕鬆的版本

圖 2 半蓮花坐

狀、大小的坐墊，找出適合你的那一種。注意骨盆和膝蓋間的角度，避免扭傷了你的背。

不論採用以上哪種坐姿，都要盡量使膝蓋向地板靠近，而不是向上翹著，這很重要。當你腿部的肌肉、肌腱或關節緊張的時候，就容易發生上述情況。如果一開始你無法讓膝蓋朝向地板放鬆，可以先用墊子支撐在大腿和膝蓋下面；隨著你的肌肉與肌腱逐漸放鬆、膝蓋逐漸向地板靠近，可以漸次把墊子越換越小。

也有人採取跪姿——膝蓋朝向前方，小腿直接塞在大腿下面，臀部擱在腳踝背面（圖8）。如果你選擇這種姿勢，請確認你不會把膝蓋或腳踝扭傷。也可以用一個小的打坐凳把臀部架高在腳踝上方，使膝蓋和腳踝受的扭力比較小（圖9）。不論採用哪種跪姿，都與上述各種盤坐姿勢一樣，要保持軀幹端直。

也可以用一條「打坐帶」幫助支撐（圖10）。傳統的打坐帶（很容易從網上購買）是編織材質，兩端有布質的束帶，你可以依照自己身體的尺寸以及想要採用的支撐方法，調整它的長度。你也可以用一條普通的有扣皮帶替代打坐帶，只要它夠長，不會把你的皮膚勒得太緊。採用盤腿姿勢時，你可以把皮帶環繞腰部或下背部，延伸到前方圍繞住雙膝。還有其他方法，例如繞過一肩，延伸繞到對向的膝蓋下方。

一張足夠堅固的椅子也可以提供良好的支撐，讓你端身正坐（圖11）。不要左斜右靠、

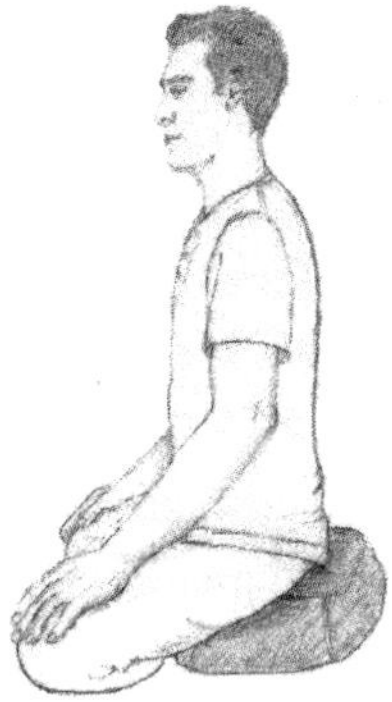

圖 7 找出適合你的坐墊

圖 5 簡單坐姿

圖 8 跪姿

圖 6 密勒日巴坐姿

前傾後仰，要避免想靠著椅背的誘惑。你的重量集中在臀部的坐骨上方，雙腳平放地上。如果椅子有扶手，可以把雙手和雙臂擱在上面；如果沒有扶手，可以把雙手交疊，掌心向上，放在膝頭，或是掌心向下蓋住膝蓋。

雙手該如何擺放呢？基本上有兩種適合的手印。採用以上任何一種姿勢時，你都可以把雙手掌心向下，蓋住膝蓋。這樣較能鬆弛流經你全身的能量，在你感覺太亢奮（掉舉[iercited]）時很管用。

偉大的西藏大圓滿教師與修行人龍欽巴尊者（Lonchenpa，十四世紀身兼佛教學者與教師的偉大西藏禪修行者龍欽繞絳〔Longchen Rabjam〕），就以採用這種手印而著稱。這種手勢藏文稱為 sem-nyi ngai-so，是放鬆進入心性的手印。

還有另一種手印，是把掌心向上，雙手交疊平放膝頭，左手托在右手下面，兩隻拇指輕輕接觸（圖12）。這樣會讓身體產生更多的熱與能量，如果你覺得昏沉或昏昏欲睡時，它很有幫助。這個手印還有一個象徵性意義：以代表智慧的左手，撐持著代表慈悲的右手。

整體來說，我們依據毘盧遮那佛的七支坐法，作為我們靜坐時身體的定位準線。它提供了整個身體姿勢的綱領。

以雙腿的位置來說，一旦我們建立好姿勢的**基座**，接著我們要確認上身是否**坐得端直**

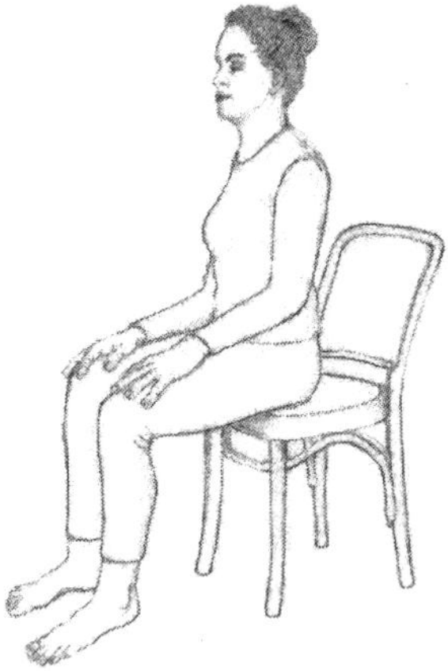

圖 11 用椅子幫助支撐

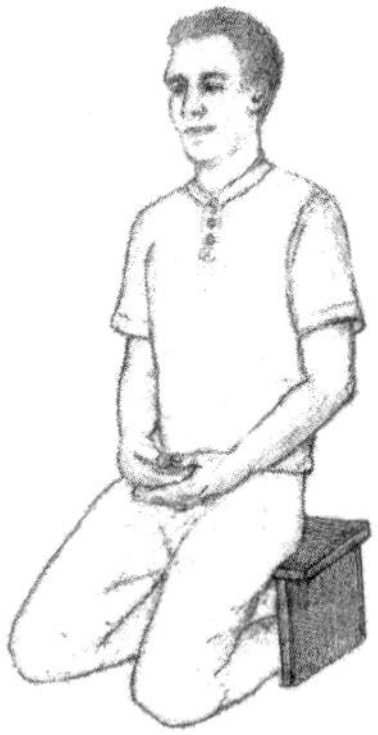

圖 9 跪姿

圖 12 結手印

圖 10 用打坐帶幫助支撐

——筆直但是放鬆的，並非僵硬得像一尊雕像。確認你沒有歪向一邊，也沒有彎腰駝背或是過度向前傾。但是在這些基本準則之內，你是放鬆的，並且靠著心的彈性幫助身體鬆緩下來。

下顎向內微縮——並且略微朝下。如果你把下顎上舉，會比較容易疲累。請確認你的頭沒有從頸部整個向前傾。

眼睛可以張開或是閉上。閉上眼睛隨即排除了視覺的干擾——你只能觀心了。所以如果你初學靜坐，閉眼可能在剛開始的階段很有幫助。然而有些人寧願張開雙眼。到了某個階段，當你的靜坐更純熟時，學習睜眼打坐是明智之舉，畢竟我們時時都望著外面的物質世界，因此沒有必要躲著它。從某種意義上說，雙眼睜開表示：每當看到造成我們禪修有點分心的外境時，與其躲避，不如更應該去習慣它，與它輕鬆共處。這屬於大圓滿傳統，以後我們會再遇到。我們希望保持一個開放的態度。

把你的目光望向鼻尖，定焦在距離兩、三呎的前下方。把視線稍微向下可以幫助減少分心，讓心能夠真正寧靜。但你不必永遠都目光朝下，建議你偶而和大自然做個連結，例如當你的附近有海洋，或是有樹景、山景等等。時不時地把視線外眺，與所有那些廣闊的能量連結，是非常重要的。此外，也可以依據你當時的心情以及能量階度，把視線做個調整。當心十分沉靜而安詳——幾乎開始昏昏欲睡——的時候，那是揚起目光、眼神向上望的好時機。但是如果心非常活躍，出現了許多念頭，又蹦又跳地，這時若把視線稍微朝下望，就很有幫助。

雙肩的擺放呈牛軛狀。如果你的脖子上掛著一付牛軛，它的兩端會自然下垂。所以你的雙肩要輕鬆下垂，不要緊繃。**雙臂**均衡放鬆，採用以上所說兩種姿勢中的任何一者皆可。**舌頭**在牙齒後方輕抵上顎，這樣可以防止流涎過多，又可避免嘴巴太乾，導致分心。

總結來說，七支包括：一、雙腿交盤坐在地上；二、背脊挺直放鬆；三、下顎內縮；四、目光微微下垂；五、雙肩呈牛軛狀；六、雙臂平衡；七、舌抵上顎。（另有一些變化版本。）

如果各種需要坐在地板上的姿勢對你有困難，你可以用一面牆壁做支撐。如果你發現坐在地上實在太難或是太痛，你可以坐在椅子上。

◇緣身體的禪修

我們已經邁出這種靜坐的第一步——建立一個舒適的姿勢，放鬆進入靜坐。現在只要順其自然：感受整個身體，專注在你接收到的所有感官知覺上面。

想一想沖個舒服蓮蓬浴的感覺——流水輕觸著肌膚，還有水溫、水聲……等其他水的特質，讓你感到輕鬆又舒暢。你緣著身體禪修時，做的是類似的事情。藉著把身體與禪修狀態連結，你在「閱讀」自己的身體，同時把身與心的本質完整含攝進來，使它們得以融合。感受它們的單一特質。感受它們的一體。沒有分離。能夠辨識出這個，是第一種靜坐最重要的事情。這樣做，你將開始感覺並且享受能量在身體裡的流動，那是脈、風、能量放鬆互動的結果。

在一座的當中，我們不必忙忙碌碌——儘管放鬆。嘗試敞開，並與身體連結。當我們越來越放鬆時，會發現「身就是心，心就是身」，試著在那兒安歇，和諧而且連結著。當我們深深地與身體連結時，那已經是禪修。心不再散亂，而是與身體結合。藉著放鬆來遠離精神散亂，我們移走了二者之間的藩籬。這也是一種「一境性（one-pointed）禪修」——稱為三摩地（samadhi）[7]。

不要製造期待，也不要過度逼迫。只要放鬆，打開身心之間的連結。假如陷入其中，有太多的推與拉，或是變得批判性，那時它變成不過是我們平日的專案計畫之一，心將感

7 不二識性：主、客之間沒有分別——它們合而為一。

受不到禪修的殊勝特質。但也不要跑到另一個極端，做起白日夢或是打起瞌睡來。如果發生那樣的狀況，你可以把身體動一動或是伸展一下，讓自己恢復清醒，然後把目光遠眺，甚至你可以起來走動走動，或是喝一杯水。

這種靜坐也有一種分析的面向。時不時地掃瞄一遍你的全身，看看有沒有哪裡正開始產生疼痛或僵硬感。問一問自己：「我的手臂如何？感覺還好嗎？我的腳踝、背、頸以及身體其他部位如何呢？」如果你發現有一個地方是緊繃的，問問自己是什麼原因造成它的緊繃？瞄準僵硬部位之後，把那個壓力釋放，進入放鬆狀態。

假如你有某種疼痛性疾病，或是關節有問題，試著把你的心從聚焦於疼痛部位釋放開來。不要只注意著那裡，要觀察全身，整體放鬆，不要被拉著去把念頭集中在疼痛部位。與其用一支亮度高但是光束狹窄的手電筒，不如換一個較寬、較柔和的光源。用這種方式把自己敞開，擴展你對於自己身體的感知。光源——心——實際上是相同的，但後者（採用較寬的光束）的結果是：整個身體鬆緩了。這有助於紓解疼痛。

當心歇息的時候，靜坐的療效非常好。這是為何從身體下手如此重要的另一個原因。檢查看看：你有沒有哪裡被塞住了，能量無法順暢流動？在精神方面，不要憂慮、恐懼、自我批判。相反的，對自己仁慈一些——安歇、放鬆、敞開、自在地呼吸。每一刻都是一個恢復清新的時機。

你不需要老是想著過去，念念不忘你那些陳年往事，那樣只會製造緊張，所以我們必須拋掉重複造訪過去或是擔憂未來的習慣。我們並非車行在一條繁忙、擁擠的高速公路上。靜坐是一個安全的環境，我們的心可以自由，這一種自由有可能帶來特殊的能量與殊勝的體驗；靠著那個，我們可以和自己真正的心性接觸。這就是整個概念。

最終，隨著你探索身體的感覺越來越深，身心將會融合，而心對於這些感官知覺的本質，會得到一個真正深刻的瞭解。你會學到一些技巧與能力，對於其他形式的靜坐很有幫助，身體會逐漸習慣敞開狀態，準備以一個放鬆的方式進入禪修。

◇靜坐實修指引

我們可以唸誦三音節咒語嗡、啊、吽，做為一座的開始。嗡，代表身體。它把我們身體和身體的脈、風、能量連結，使身體向靜坐開啟。啊，連結語，並靜下內心喋喋不休的叨絮，否則心頭叨絮會導向強迫性思惟，或是又被這樣的思惟所觸發。我們不必跟隨自己的念頭——那些心中正在進行的談話；我們可以放鬆並遠離那些習性，不去參與它們。吽，代表心靈。如前所說，**心靈**與**靈性**、**智慧心靈**、**覺醒狀態**、**本覺**以及其他代表終極覺知狀態的名詞同義。既然它居於心輪的中央，位在胸部，有時用心臟的**心**（heart）[8]稱呼。有時此處直接稱為心識的**心**（mind）[9]。但這不是指頭腦，這是精神的層面。讓自己受到鼓舞並感覺愉悅。

把每個音節以單一聲調唱誦出來，隨著吐息一直拉長，直到它自然終止。

當我們打坐或做任何事情時，這三者——身、語、心——互相連結非常重要。舉例來說，我們談話的時候，話語必須在心靈的層次與意識連結，而這些又必須與感覺連結，表達才會和諧一致。把你的身、語、心一起帶到同一個地方，輕輕歇息，不要參與任何活動，也不用費力氣。達到此的關鍵僅只是每一方面——身、語、心——都同在，就可以了。

當你察覺自己變散漫了——心在妄念中漫遊，這並沒有什麼問題，只要回來即可。當心冶遊時，就把心輕柔、漸進地安頓下來，無須過度介意，和緩而輕柔地把你的注意力帶回當下。

你的眼睛可以張開或是閉上，或者不時交替一下——由你自行決定。不論你的眼睛是張開還是閉上，把任何經由眼根（或其他感官）而來的知覺完全整合進入靜坐環境當中。

8 譯者註：此對於中文讀者來說，「心」字可以通用 heart 和 mind 二者。

9 同前。

如果我們要區分一顆寧靜、安歇的心與通常所謂的「雜擾者」——電話鈴響、某人的高談闊論、車水馬龍聲等——之間的差異，實際上，雜擾是由我們的焦躁與內在壓力創造出來的。當其發生時，也正是一個契機，讓我們把這些外境融入靜坐，成為它的一部分。隨著逐漸習慣於此，即使在繁忙處境中，我們也將有能力保持平靜與專心。

若想把輪迴世間關閉，阻擋住一切，那是無法辦到的。舉例來說，一般在集體靜坐或是教學時，通常會要求參加者把手機關閉，但我並不堅持非得那樣做。就算手機鈴聲真正響起，你可以把它當作一個機會，趁此把這個「雜擾」整合進入禪修之中。

你不必把每一座的時間拖得很長。靜坐就像一個瀑布，它看起來像一整片，其實是由許多微小水滴組成。一座當中你可以隨時中斷，然後重新出發。

☆修行重點提示

（靜坐前或靜坐中，把下列注意事項瀏覽一遍，可幫助你營造一個順暢的氛圍）

- 把所有壓力與念頭都放鬆。
- 敞開，感受身體的本質。
- 深入體驗身體，以及身體的能量。

- 欣悅地感受身體能量的自然流動。
- 現在你可以拋掉任何的緊繃、僵硬、壓抑。只要放鬆，保持鬆緩。
- 注意力不要集中得太緊或太鬆，保持放鬆即可。
- 與身體連結，鬆鬆的，保持一個自在的態度。
- 感受身體，並與之深深連結，不要強推；只是容許這個體驗、這個連結。
- 不要匆忙，保持非常放鬆。

＊問與答＊

問：當心身連結時，是怎樣的感受？身體感覺起來像一個全面的整體嗎？或是，在不同時刻感受身體各個不同部位的各種知覺呢？

答：你在安歇的心當中，感覺到整個身體的感官知覺，而不是身體的各別部位。

問：當身心結合的時候，是不是所有念頭都該終止？

答：不，並不是所有念頭全部停止，而是思惟心達到一個越來越精微的層次。接著你開始體驗到不再有任何分離，你可稱之為「融合」。

問：當我們唸誦嗡、啊、吽時，是不是在頭腦、喉嚨、胸部會感覺到一些什麼？

答：是的。這三個音節非常有用，而且有很深的意涵，雖然此刻我們沒有涉入太深。我們靜坐時唸誦它的目的，是為了使身、語、心三者達到平衡。一般禪修者以為靜坐中最重要的是心，但他們對於身、語可能就不太重視。

當你唸「嗡」的時候，你應該感受已證悟能量的聲音，使你的身體覺知，而且寧靜。（就身體方面來說，「嗡」瀰漫到整個頭部，到處布滿，像一團球形的能量，這一個球體與頭頂的脈輪（或稱能量中心）相關。）釋放身體所有的緊張，放鬆並且鬆弛下來，與證悟者的智慧之身連結。

當你唸「啊」的時候，想一想「已證悟能量之語的聲音」，使你的語寧靜而清澈。那表示不再有太多的心頭雜音。你感覺說話的心平息下來，並感受更多敞開的寧靜，與證悟者的智慧之語連結。

當你唸「吽」的時候，你應該感覺到它的能量在你心靈當中，使你的心靈變得敞開而寧靜。放下各種的我執，感受當心消弭了固著之後那個安歇的本質。與你心的內在本質深深連結，不受強烈念頭的干擾，然後感受證悟者的心。

這三個音節的顏色分別是白色、紅色、藍色。顏色也可被認作是能量。

問：我只要盤腿在地上靜坐一段時間，膝蓋會緊繃，有時臀部也會緊繃。您說瑜伽對於太緊的關節

有幫助，那麼像那些跑步者或運動員在運動前所做的暖身運動和伸展體操，是否也有幫助？為了靜坐，我們是不是必須保持身材良好？

答：是的，至少有兩個理由，靜坐前應該盡可能先做暖身。第一，你的身體可能昏昏欲睡，缺乏靜坐坐姿所需要之能量。如果是這種情況，你入座前得要先充電。你可以跑步或是做其他運動，將你的身體暖機。另外一種情況是，當你因缺乏活動而導致身體疼痛或僵硬時，你也應該在靜坐前先讓身體鬆弛，做一些體操或伸展運動也非常好。如果身心都已充分休息，則不做這些暖身動作直接靜坐，也是可以的。

第二種靜坐：止修

- 開始探索心以及我們的知覺。
- 把心專注、聚焦於一個選定的目標上，但勿以狹隘、強迫的方式去做。
- 專注在一個美麗、有意義，或是帶給我們精神加持力的所緣境上面，態度愉悅。
- 發起利益一切有情而修行的動機。

◇調伏我們的心

藏文中把止修稱為 shi-ney。shi 的意思是「寧靜」，ney 是「保持」，同時還有「精微」的意思。這種形式的靜坐，亦常以其梵文名稱**奢摩他**（shamatha）稱之。這一種靜坐，在所有各種冥思傳統，包括：印度教、蘇菲教派、道教、基督教，以及佛教的各個教派中，或許都可以找到。

在上一章，我們已經學習了放鬆並且和身體連結。現在我們開始探索**心**以及我們的**知覺**（perception）。止修是關於：專注我們的心，最終到達一個非常深的層次。這需要有方法，還要配合實修。為什麼呢？這樣說吧，我們心的慣常狀態是如何呢？我們穩定而專注嗎？或是我們經常注意力分散而且躁動不安？

在佛教教義裡，未經調伏的心曾經被比喻為一隻猴子、一頭野象、一隻熊或是一匹野馬。我們的心，就像猴子一樣，敏捷而有力，但是卻四處蹦跳。這在某些情況下是很管用的，譬如當我們從事某些有意義的活動時，這樣可以讓我們奮力工作，持久不懈。試想所謂的「多工處理」。但是，在許多其他的情況下，尤其是靜坐的時候，這一切的蹦跳則完全沒有意義，甚且讓人疲憊。

有時候，我們可能嘗試專注於單一所緣或是單一的活動上面，但是我們的心卻變得像是一隻在河裡抓魚的熊。熊看到河流中許許多多的魚，感到既飢餓又興奮，於是伸出一隻腳掌抓了一條魚上岸。但是熊接著看到河流中更多的魚，於是牠抓了一條，又抓了另外一條。當牠這樣忙著抓更多的魚時，先前抓的魚已經溜回了河裡，最後，熊發現所有抓到的魚都逃跑了。我們就和熊一樣，精神的亢奮創造出一個表面上的專心狀態，最終挫敗了我們想要達成真正安止與專注的渴望。

特別是在這二十一世紀，由於我們的生活忙碌，也習慣於擁有一顆忙碌、積極參與、十分活躍的心。但是且讓我們自問：難道我們的心唯一只能是這種狀態嗎？再進一步思考：這是我的真實心性嗎？答案是否定的！藉由修習靜坐，花一點時間把心和寧靜連接起來，我們可以證明這個事實。

止修的主要意義，在於以平靜取代忙碌，澄澈取代迷惑。要做到那樣，我們需要訓練，正如經由訓練可以把一頭象或是一匹馬的野性馴服一樣。如同寂天菩薩在《入菩薩行論》中所說：「若你用正念繩索栓牢心中的野象，你會釋放所有的恐懼，找到近在手邊的福善。」[10]【若以正念索，緊栓心狂象，怖畏盡消除，福善悉獲致。】

10 寂天菩薩，入菩薩行論，5:3，引用於 Adam Pearcey 編 A Compendium of Quotation, 第6版.（Lotsawa School, 2008), 80. www.lotsawahouse.org.

若要嘗試達到寧靜，但我們卻只是呆坐不動，很快就會發現心並不合作。如同一個頑皮的孩子，這顆心並不聽從類似「不許思考！」或「好好表現！」這種指令。從經驗上我們都知道，一個孩子可能嘴上說著：「好的，媽咪。」但其實他心不甘、情不願，不久之後，這孩子就回到原來的行為模式，再次招來「不許做！」的喝斥。此時媽咪可能變得更強勢，但那樣通常只會讓孩子越發受激而反抗。如同一位善巧的家長，我們需要採取比較和緩的方法。同樣的，為了靜下這顆心，我們首先要從「把心專注在單一所緣上面」開始。這樣做，散亂的念頭減少了。

我們練習止修時，什麼需要平靜下來呢？身體要靜——我們在第一種靜坐已經學到。心也要靜——從專注單一所緣得來的寧靜心理氛圍開始。一旦達成，心將專注並且安住於寂止（calmness）之中。

在此第二階段，寂止本身變成所緣，取代剛開始時我們所用的任何其他所緣對境。讓身體平靜並不太難，但是靜下這顆心則挺詭譎，因為我們對於這種心的狀態太不熟悉了。

這個過程類似訓練一匹野馬。馬在未經訓練的時候，牠不聽從指揮，而且經常做出意想不到的事情——忽然狂奔或是發動攻擊，踢得漫天塵土，製造一堆噪音。當馬還帶著野性的時候，牠不習慣看見兩隻腳的人類，也不習慣被韁繩綁住，或是被拖進畜欄，被迫表現出安靜、聽話的樣子。馬正常的習性是狂放不羈的，愛去哪兒就去哪兒，想做什麼就做什麼。訓練剛開始的時候，馬既焦慮又惶恐。可是，一位好的馴馬師會耐住性子，漸進地教導這匹馬安靜下來，聽從指揮。那樣做對馬有利——牠將更愉快、更寧靜，並且進入一個與人類和諧相處的關係中——對馬主人亦然，他的馬廄中將增添一匹友善又有用的良駒。

如同野馬一樣，我們的心裡藏匿著對於陌生事物的恐懼，而且有時很容易受驚。我們不會自然而然就向深度專注開啟。不能專注，導致我們無法深透事理，不論是關於我們的內心世界或是外在的世界。我們停留在表層——那兒我們早已熟悉，因而感到自在。止修是訓練我們改變這些習性的開始。

一匹受過良好訓練的馬，首先變得與人類自在相處，然後發展出彼此間的友誼。如果有人來訪，牠會等著接受餽贈——可能是某種帶點甜味的好料吧。馬覺得既安全又開心，甚至不必再被柵欄圈住。同樣地，從止修得到的放鬆與專注，也將帶給我們喜樂與自由。

◇深深專注於心性

止修可以訓練我們寧靜與專注，對於靜坐和日常生活都很有幫助；同時它能把我們帶到遠過於此的境界，直到我們體驗到心靈的真實本質。心靈的本質是寧靜的，但是，這個我們全都擁有的、清澈美麗如明月般的心靈，卻被輪迴中的烏雲——我們的念頭——遮蔽了。這一團糾結的念頭，就像一本書的內容索引或目錄，每一個主題帶向一個次主題，然後再帶到另一個、另一個，沒完沒了。我們未經訓練的心通常就是這樣運作的。我們可能以為這些習慣就是人的本性，但人的本性比這樣有深度太多了。靜坐可以成為心靈離開這一片混亂的一個殊勝假期。

當我們不再散亂，徹底安住時，這才是我們的真實本性，它兼具簡單與深刻。此處我們到達一個非常精微的覺知狀態，它寬敞而無所不包。從那兒，我們可以真正看清自己是誰。

在實證的層次，寂止的成果是澄澈。當心感受至深時，由於靜坐練習提供了前行準備，我們來到深度的澄澈、我們的證悟天性。所有佛法的教義都導向這裡，以及如何把它整合進入我們的日常生活。當我們散亂或是受著干擾的時候，很難見到或是感受到此。藉著輕柔與放鬆，心才被賦予了到達它天然狀態的自由。

◇專注單一所緣

我們在第一種靜坐中已經開始練習專注在單一所緣，教導心把注意力放在身體，把身心帶到一起。現在，第一種靜坐將要融入、幫助我們進入第二種靜坐。這裡，我們首先把專注稍微窄縮，聚焦於一個選定的目標上；但是也不能縮得太緊，以致於失去了與身體的聯繫。身體將留在背景，我們要繼續輕柔地全神貫注。

另有一些比較強迫性的修定方法，將過程精確區分為幾個階段，行者的住心在每個階段一步步漸趨精煉。然而，現代人在日常活動中已太過於熟悉這種線性趨入法，這樣做會有一個風險，就是連禪修也變成和我們慣常執行的計畫沒什麼兩樣，那麼通常就會有某種程度的壓力跑進來參一腳。

總的來說，我們必須永遠注意，勿把禪修當成例行公事——這是我們很容易犯的錯誤。如果我們採取那樣的途徑，將無法發展出禪修那殊勝的放鬆特質。這些形式比較死板的「定」，可能還會引來期盼，比較可能變成為修行的干擾，而非助益。

因此，當我們專注或修定的時候，要小心勿以一種狹隘、強迫的方式去做。我們在學校裡學習或是考試時，有時會被老師要求「專心」或「集中精神」！這通常表示我們得縮緊眉頭、瞇起雙眼，終止會讓手邊任務分心的一切雜擾。這樣非常具有批判性。以一種批判又帶點激進的方式，我們正在接受或是排拒我們的念頭。然而此處我們要做的恰好相反——找尋一個**開放的專注**。

我們採用的所緣境，可以是內在的意象或是外在的物體。例如，我們可以想像一朵花，或是觀察一朵放在眼前的真花。重要的是，要選擇一個能夠鼓舞我們的對境，或因其美麗，或因其意涵；而要避免那種讓我們感覺無聊或是不自在的所緣。

在佛教裡，神聖的形象——佛、度母等本尊的畫像或雕像等——被認為特別殊勝，因為他們會創造與加持力[11]之間的連結。既然對於佛教徒有重大意義，當然會產生激勵作用。同樣的道理，不論你是否依據某個特定宗教而修行，請選擇一個對你具有正面意義的對象作為所緣。自然環境也很好，專注於海洋、山丘、森林、天空……等，也非常具有啟發性。

其他用來作為專注所緣的，還包括呼吸與覺知（awareness）的本身等等。舉例來說：如果我們決定置緣於呼吸上（心在躁動狀態時，此法特別有效），要讓呼吸拉長，然後專注在入息與出息的聲音上，感受正在進、出我們鼻孔的氣息；也要專注在其他的感官上，例如腹部的擴張與收縮，並且帶著開放與專注，用意識觀察著呼吸。（假如我們住在一個寒冷地區，還真的可以看見吐息出來的溫暖氣流呢！）

當然，我們隨時都在觀看各種事物，但是很少帶著許多連結或專注。在止修中，我們

11 加持可被比擬為經由禪修得來的能量與啟發，有時被認為由聖者或其他靈體散發而來。它也可被看作類似基督教觀念中的恩典。這種來自完全覺醒者心靈之慈悲能量，可以將我們向更加能夠自利利他開啟。

要與所緣連結得夠長、夠深，因此才能夠找到真正的定。我們所要的這種連結被稱為一**境性**（梵文 samadhi 與 dhyana，漢譯「三摩地」與「禪那」）。一**境性**表示心完全沒有散漫——我們與所緣融為一體。

例如，如果我們的對境是一朵花，不用熱衷於對所見各種性狀——花的形狀、顏色、美麗、種類等等——發表評論。我們不是在調查或是分析這朵花，如果那樣，將會變成一種思考流程，而偏離了所緣本身。反之，我們只是用一顆安靜、自在的心，直接看著這個所緣物件的色彩與形狀，最終心與所緣之間不再有任何分隔——它們是一體。我們也會經驗到這個過程中生起的天然能量，這會把活力帶入我們的靜坐。如同蓮花生大士所說：「不要探究事相，要觀察內心。如果你觀察心，你將瞭解那解決萬法的一法。若不觀察心，你即便知道了每件事情，卻一件也沒弄通。」[12]【無須探究每件事的根源，只需探究心的根源。一旦心的根源被發現，你會因此解脫一切！若心的根源未被發現，即便知道每件事，也並未真正瞭解。】[13]

12 蓮花生大士（Guru Rinpoche），引用於 Adam Pearcey 編 A Compendium of Quotation, 第6版.（Lotsawa School, 2008）. www.lotsawahouse.org.

13 譯者註：中文引文見於多處，如：敦珠仁波切〈心要珍寶〉。

這種靜坐有一個重點，就是態度要愉悅，而非「嚴肅」。我們專注在一個美麗、有意義，或是帶給我們精神加持力的所緣境上面，所得到的啟發讓我們欣喜。那種歡喜，引導我們得到更進一步的鼓舞，而這樣會讓我們更加地敞開，以獲取那開放的專注。

不要以一小圈注意力鎖死在一個所緣上面，我們應該朝向當下的空闊敞開。這表示，我們在靜坐中，如果聽到什麼聲音或是感受到什麼，要允許它們都能夠不受阻擋地生起。我們要順其自然，隨它去。要有專注點，但它不是一束狹窄的光。

我們開始於和緩的努力，反覆再三地以「把心帶回所緣」的方法，誘使心離開念頭。我們製造那個連結，然後保持，看看可以待在那個不散亂狀態多久。一旦我們進入其中，流轉，便沒有必要中斷。我們所體驗到的寂止與放鬆感受的本身，便成為我們接下來的所緣。

我們必須去體驗這種歇息的感覺、安住的狀態。當我們允許自己用心、用所得到的啟發，以及用整個身體——全都是放鬆的——去感受那個安歇的本質時，那兒會生起一種非常殊勝的專注力，與我們平常所習慣的極不相同。我們主要的期望是達到安住，而非跟隨日常生活的完美主義習性，那會導致我們去批判每一個生起的念頭。我們需要一個三百六十度的視角——自由地敞開著。享受、觀察、親自驗證那種放鬆——那是禪修。

而且這是毫不費力的。讓這種放鬆的定境如瀑布般持續流轉。瀑布由許多個別的小水滴組成，但我們對於小水滴並不需要在意，不去攀執可能出現的念頭、情緒或影象，只要關注著流動。當念頭出現時，不要阻擋或是窄化焦點，我們走的是相反的方向，保持空闊與開放。不攀執，也不捲入念頭，讓它們自然地走過，我們保持專注。隨著我們對於這種練習變得更熟悉，所費的氣力也越來越少。

再以緣呼吸修定為例，為了在靜坐中達到心一境性，最重要的是心要持續連結著入息與出息。心就與呼吸一起流動，沒有空隙。心逐漸受到這個鼓舞，定境變得越來越精細、有力。你的呼吸聲以及此過程中的能量，也會幫助保持心的自在與寂止。

當我們開始感受寧靜——心平靜、安住而放鬆——的時候，那本質上就是止修。不論你緣的對境是什麼，包括念頭也一樣，其基本過程都相同。不要專注在複雜而遙遠的東西上面，要進入我們所熟悉的，並且在熟悉的念頭中找到和諧與安寧，讓它們自然生起、自然平息。最終，當它們偶然現起時，已不再會造成散漫。

念頭會在靜坐中出現，那是因為心有能量。念頭是心的自然表述，如果你不被它們打亂，而與它們一同安住，它們會變成靜坐的一種天然助緣，並且提供能量。所以，對於念頭，我們要處之泰然，隨它們去，不要捲入其中。留在當下。

剛開始的時候，這具有一點挑戰性。在念頭當中，我們需要更明智、更清醒。帶著這樣的覺知，我們不再被念頭纏裹住，而可以留在原處——這是差別所在。這叫**正念**。這種覺知，既不在擔憂，也不介意什麼。我們只是讓心放鬆又敞開，騎駕著當下的浪頭，然後它能夠觀察並且把它自己的本質看清楚。這種對念頭的覺知，最終會帶來明銳（subtlety），那可以把我們帶到更深處。

請記住，我們的目標不是斷除念頭——到達一個空白、無想的狀態。最終我們會去到念頭的二元化（dualistic）特性消失的境界，在那兒，念頭不是造作而來，而顯得透明，成為「非想」。這裡留下的只有自由。這是一個洞開空闊感之體驗。

◇進入止修

我們開始進入靜坐之前，最好先檢查一下自己的動機。我為什麼靜坐？這靈修的背後實際上隱藏著什麼？「靈」何所指？「修」的意義又何在？如果它意味著發掘一個人的內在本性、創造內在和諧——更自然而生機的內在平衡——的話，我們做它的目的是什麼？

原來，我們靜坐，是為了替自己與他人創造福祉。宏大的愛與高貴的情操會隨其發展而生起——能夠利益一切有情。當心平靜而澄澈時，你會辨識出什麼是真正純粹的慈心與悲心。因此，請現在就花點時間，生起利益自他一切有情的意樂吧。如同寂天菩薩所說：「這世上所有的喜樂，都來自希願他人安樂。這世上的一切苦痛，都來自（僅）求自己快樂。」[14]【所有世間樂，悉從利他生，一切世間苦，咸由自利成。】

我們仍然從唸誦代表身、語、心的三個音節「嗡、啊、吽」開始。此時我們在設法放鬆想要去思考的自然傾向（心），否則它接著可能會激起內心或外在的談話（語），接著甚至帶動身體的動作。這種身、語、心一起運作的模式，可以用拔河比賽來描繪。兩方隊伍面對面排好，分別拉住繩索的一端，裁判們在沙坑中就位，觀看哪一隊會把另一隊拉過中線。拔河開始的時候，裁判們開始猜測哪邊會贏。然後他們可能開始說話，在心裡說或大聲叫出來，為自己看好的隊伍高呼：「加油！」然後，隨著比賽的進行，他們甚至開始下意識地，隨著選手的動作向這邊或是那邊傾斜。你或許已經注意到，當你在看運動競賽的時候，自己也會做出這一類的動作。這說明了，在我們日常活動當中，身、語、心通常是連結在一起的。

14 摘自 Stephen Batchlor 譯，《入菩薩行論》8:129，寂天菩薩著。(達蘭薩拉，印度：西藏文物與文獻圖書館，1979)，125。

當我們在靜坐中把身、語、心連結的時候，我們在試著讓三者各自沉靜下來，並把它們帶到一個共同的放鬆空間。如果心無擾動並且是專注的，語將會歇止。那麼，將沒有什麼會刺激身體進入受激或是動作狀態。身、語、心就這樣逐漸變成單一境性地緣於寂止上面。

第一種靜坐中，我們瞭解了身體的重要性。第二種靜坐，我們開始尋找周遍身體的敞開，使我們的念頭與情緒也將體驗到開放與寧靜。覺受與放鬆幾乎同時發生。當身體寧靜而臨在（present）的時候，我們立即感受到所有的脈與能量，這些流動變得非常不同，我們能夠感受身體的整體能量。這是為何要把身體包括進來的另一個重要原因。

至於語言，試著達到寧靜與清澈——寧靜來自減少了心頭絮語，清澈來自不再忙著過去與未來。外、內、密層次的言語全都需要靜止下來[15]，心不可以喋喋不休。但是如前所說，它很難經由強迫「不准說話！」而達成。寧可保持開放，嘗試找到一個放鬆的身、語、心。當心受到激勵而更加放鬆，我們也更容易變得專注、自在，不帶散亂。

安住在當下，內在的平衡不需要到別處找尋，靜坐的當下就會找到它。與那個片刻自

15 此處「外」指的是口說——大聲說出來。「內」是心靈的絮語。「密」是指回應心靈絮語之細微念頭的慣性模式。

在相處，歇息在已達良好平衡的無散亂覺知當中。認出它很重要。平衡不只是個新的成就，它也是你已經自然擁有的某種經驗。然後，經由修行，它會被滋養、發展，並且增強。專注並讓你自己感受自己的心性，非常重要。

在你試著專注之前，首先敞開你的心——確確實實將它打開。信任你自己；試著放鬆並且全然臨在當下；接受啟發。**敞開**意指對整個環境開啟，包括生理結構、能量、所有一切。在敞開中要有信心。然後，當你感覺自己開始放鬆時，就是該專注的時刻了。**專注**並不代表緊繃，它意指鬆弛而寧靜的專注力。當你真正感受到靜坐的能量以及能量的流動時，到了某個階段，這個能量和鬆緩之間，應該不再是分離的，它們會連結在一種單一的體驗當中。

以這種安歇的方式修定時，請確認不要推促得太猛。你可能需要稍微推一下，但不要一直把壓制當成你的目標，否則最後會變成你在操控。這一點很重要。如果某些念頭一跑出來，就為它貼上「妄念」的標籤，我們可能變得批判論斷，並對那感到沮喪，而試著把它壓回去。那一刻，一個小戲論已經開始在我們心中被編造著，不久我們就把整件事情做成一部紀錄片，然後那就是禪修的終結。這就是為何臨在當下很重要。緣在當下片刻最有價值，定在那個鮮度上面會帶來寧靜，因為我們沒有忙著介入念頭，或是參與過去與未來。

我們專注時所做之極輕柔的「推促」，在一個著名佛典故事中，以替琵琶或吉他琴弦調音做比喻（源自佛經[16]以及西元十二世紀西藏佛教女瑜伽大師瑪吉拉準〔Machik Labdron〕）。當佛陀被一位學生問到靜坐中如何修定時，佛陀心知這名學生是一名音樂家，便問他如何替琴弦調音。他回答是：既不能太緊，也不能太鬆。佛陀表示，那正是一個人在靜坐時調整自己等持的方法。佛陀說：「要堅實的定住，但仍然放鬆自在，此乃最核心要點。」因此不太緊繃、也不太鬆弛——確實是一個**中道**[17]。在找尋這種平衡時，你會發現到它，因為你是自己最好的老師。檢查一下你有沒有太鬆弛或是太緊繃，必要的時候做一番調整以及微調。

如果你是個止修新手，剛開始時，它可能有點難以捉摸，但這是意料中的。我們置緣於一朵花上，然後喜歡追根究柢的個性便自動展現：「它是橘色的，但帶著點黃色調……各種各樣的圖案……有點乾……需要澆點水……看起來今天會下雨。我的雨傘跑到哪去了？」於是我們回到了慣有的思惟。如果那種情形發生時，不要感到沮喪或是變得批判性

16 譯者註：佛陀的琴弦之喻，見於《相應阿含》、《中阿含》、《增支部》、《增壹阿寒》等原始佛典中佛陀與二十億耳尊者的故事，以及《佛說四十二章經》等經典。

17 許多佛教典籍中都會提到中道，意思是避免落入兩邊。

——我們像這樣子運作已經很長一段時間，這是習性。只要重新安住所緣，當你有點偏離它的時候，輕輕把你的注意力再次帶回來。盡力而為，不要放棄。

你可能發現某一天有一座很完美，然後下一座就糟透了。這很正常，所以你要對自己寬容、慈悲。試著讓心對當下保持滿足，並且放鬆在這種滿足狀態之中，如此你才不會陷入渴望或是期待。這樣有助於靜坐中的鬆弛，同時也會讓你有個更慈愛的態度對待他人，對你的人際關係有極大的助益。

你可能發現，你的專注保持穩定了一兩分鐘，然後又散亂了。那沒有關係，而且完全沒有必要倒回頭去把這個經驗重走一遍，試圖把它弄得更完美，就像那些錄音間裡的音樂家們一樣。這也是我們從平常生活中學來的一種習性，就像我們為了減少錯字，就把已經打好字的信又回頭重打一樣。靜坐時，只要自然向前行，把你的專注輕輕帶回所緣，回到當下。允許它流動，讓心保持開放與彈性。如果你疲倦了，暫停一下，做幾次深呼吸，把視線向遠方眺望，重振起精神。不要讓自己變得頑固又自我批判。

☆重點提示與備忘

- 發起為利益自他一切有情而修行的動機。

- 和先前一樣唸誦嗡、啊、吽三個音節。
- 如果你的所緣物件是視覺上的，你可以選擇把眼睛閉上或是張開，取決於你的對境是一個內在、想像的影象，或是一個眼前的實物。
- 讓身體放鬆下來。
- 讓心歇息在當下。
- 輕柔地專注所緣。
- 不要強推，平靜而放鬆。
- 進入心一境性的定中。
- 感受寧靜與放鬆，把它作為你新的所緣。
- 與身、語、心連結。
- 準備結束一座之前，做幾次平靜的深呼吸。

＊問與答＊

問：我聽說佛教傳統對戒律非常重視。是否生活中持戒良好，對於止修或是任何一種靜坐的進步很重要呢？

答：佛教戒律和敞開似乎是緊密相連的，因此若要發展能離苦得樂的正確道路，戒律非常重要。戒律表示一種真心誠摯面對一切的態度，故你必須尊重你心中的內在感受以及智慧面向。

問：讓身體靜下來容易，但是讓心靜下來我有困難——這顆心總是在超時工作。

答：是的，是的。你好像變成一名不支薪的員工——一個志工。我想這非常普遍，許多人有這個問題。當活躍的念頭出現時，最好的對治是試著不要去注意。用以下這些話告訴你的念頭：「我現在有點太忙，無法注意你，因為我正在喝茶。」或是：「我想看一會兒書。」以一種不同於常態的方式回應，然後念頭可能決定：「好吧，他今天不太感興趣。」然後它們可能就自行消融了。

問：隨著我練習止修，我似乎一天比一天更能專注，但是朝向心一境性的進展卻非常遲緩。這些年來，由於我的思考模式與生活方式帶來了太多的分心雜念，它們好像是非常堅固的習慣，每當我開始靜坐時，就會來到我身上。成就止修有沒有什麼捷徑呢？或者它只是耐性的問題？

答：聽起來你做得很好。我的答案是保持耐性，繼續穩步向前。有時候緩慢的進展比忽然間的快速進展還要更穩定。

問：仁波切，您提到練習止修時我們會體會到「空闊」。這個名詞是指什麼？

答：空闊意指你的心不再以念頭為本，然後把思緒以一個更複雜的模式越纏越遠，導致心更緊繃。同時，你醒覺而不散亂，那會導向一個更寬、更廣闊的氣氛當中。

問：當止修開始流轉時，我們所體會到的能量從何而來？這種能量到底是什麼？您用這個名詞是何所指？

答：當一位禪修者心不散亂的時候，這種能量出現了。例如，當心不在活躍思考時，你有能力感受在心的本身有一個位置，它具有一種非常寧靜的本質，一種可供歇息的「熟稔的家」，而能量自然就在那裡。當然那裡並沒有任何區隔出來的的空間，只是心的本身而已。

問：我在臨睡之前可以靜坐嗎？

答：可以的，而且這是一個好主意。那時候，思緒幾乎都安頓了，它們不再那麼粗猛，只有平靜均衡。那會讓你上床之前自然放鬆。那樣很好。

第三種靜坐：精純基礎禪坐

- 定在一個稍具選擇性的所緣上。比起前兩種靜坐，它含有更大的敏銳度。
- 以一種更自然、穩定的方式感受那自在的能量。
- 讓心敞開，讓它自然流動，並允許澄澈出現。
- 通往澄心——無有念頭、非常專注於本質空闊感的一顆心。

◇澄澈出現

七種靜坐的每一種，都開啟我們晉升到一個更深的層次。正如緣身體的靜坐是止修的準備，精純基礎禪坐則是觀修的準備，那是下一章要介紹的禪修類型。藉著精純禪坐，益發增長的澄澈，將使得我們的放鬆與專注，能夠變得更穩定，也更精確。

藏文把這種靜坐形式稱為jog-gom。jog 的意思是「使之安住」，gom 是「靜坐」。這情形可以用牧羊人與他的牲口加以描繪。動物本身（我們平素的念頭）處在一個寧靜狀態，不太可能跑失，但是牧羊人仍然必須仔細警戒著狼群（造成散亂的潛流思緒）。因此這裡——為了減少精微的潛流思緒——比先前有更多的放鬆與更少的憂慮，並且在那種放鬆的支持下，達到了安住。我們被激發，而能夠在禪修狀態中保持更長的時間。

我將這第三種靜坐稱為精純基礎禪坐，因為，比起前兩種靜坐，它含有更大的敏銳度（sensitivity）。

我們先前開始於感受身體，並將之放鬆；然後繼續向止修邁進，學習專注於一個所緣。得到一些感受與專注的體驗之後，現在，在這第三種靜坐中，我們要定在一個稍具選擇性的所緣上（上一章已稍微接觸過），要緣在我們於止修時所成辦的寂止上面，然後允許其融入一種澄澈、能量與激勵的感覺，這些是我們讓自己的心放鬆並且安住之後出現的。對這狀況的另一種描述是說「有更多自在的能量」。在此之前，為獲取這種「安歇的能量」，你要花一點小力氣；但現在，你以一種更自然、穩定的方式感受那能量。這是一種微妙的推移，由止修經驗，使我們得以感知。

有時在靜坐中，我們很寧靜，專注做得很好，但是激勵卻不必然是那麼明顯。此處激勵意指：當澄澈的能量變成禪修的所緣時，我們所體驗到的那種品質。我們已經由止修的專注達到寂止；現在我們更徹底、連續地體驗寂止的本身，讓澄澈現起。若缺乏這種澄澈的清晰感，我們可能掉進昏沉、瞌睡，甚至睡眠之中。澄澈協助建構一個平衡——一個流轉不息、清醒的覺知。

當寂止在我們的靜坐中生起時，它像一個專注經驗的目擊者。再進一步發展，寂止最終通往澄心——無有念頭、非常專注於本質空闊感的一顆心。然後整個氛圍變得更透明，充滿了能量，不但有寂止，還有更多的亮度——澄心。因此，這第三種靜坐如同所有靜坐一樣，有潛力把我們帶向終極的澄澈、心靈的本質。

◇成就等持（Stability）

這裡我們也開始得到一些等持。等持比「只是平穩定在一個所緣上面」稍微多一些，它得自明銳以及歇於所緣之天然特質——我們覺受到歇止的面向，不僅是專注。剛開始時，我們藉著繫心一處於「所緣境」（如花朵、影象……等）上，生起專注。但此處我們的重點放在歇息在那個「一境性」的本身，那會使心與所緣境統合。其間的差異很微妙，但是它存在，而且你將會感受到它。

再次重申，由於我們處理日常事務的慣性模式，可能在開始靜坐時會努力過度。我們可能一次又一次提醒自己「守在這裡」或「留在當下」，但這樣不斷地提醒，已經做過了頭。我們要拋開那個張力。這可能有一點弔詭，因為，假如完全失去專注，我們的心將再度變得狂放不羈——那是一顆向四面八方漫遊的心。但也不要勉強專注，要允許這顆心放鬆，並讓你的專注與寂止狀態融合，不要動作太多。

回想一下瀑布之喻。我們如果逐一檢視個別的水滴——每一個流過的念頭，將錯過了它的流動。你要留在當下，只讓覺受的瀑流自然地流過，不要干預。這樣雖然心比較不活躍，只是觀察著當下，但它是比較自在的；一旦這種放鬆自行建立，就把它作為你的所緣。

我們緣在瀑布的流動上，流動與放鬆是一體。

如果你注意到心流散了，當你把心帶回專注點的時候，沒有必要感到挫折，也不必帶著批判——沒有這麼嚴重。不要製作一齣名叫《我總是永遠會分心》的負面紀錄影片，並且反覆播放，因為它本身會變成一個障礙。相反的，你盡可非常愉悅地把你的心帶回家，用快樂與熱誠把它撐扶起來。

當欣喜（delight）出現，並且你體驗到一種與心性的休憩本質相連結的時候，那會帶出敞開與熱切之沉靜能量。當我們體驗到澄澈時，那個澄澈是欣喜——會接著帶出激勵的欣喜；心可以是歇止的，清楚明瞭它是在安歇還是在散亂中，但實際上念頭與思考者之間並沒有任何分隔。了知者也就是心。試著把一切帶到歇止之心的中央，然後感受這一片澄明、放鬆的空間。

從這個角度，當散亂來臨時，我們並不需要將它們打退。我們先前已聽過這樣的引導：覺知它們存在，但不要被打亂——讓它們通過即可。你甚至可以說：「不要因散亂而散漫分心。」我們不是在處理每一個念頭，應付每一個心理樣態，因此我們比較不忙。如果我們忙著搞定每一個念頭，排拒它們或是取受它們，我們就是在執著（**執著**是佛法的一個專有名詞，基本上是指以任何態度涉入或干預某個心理現象）。假如是愉快的念頭，我們就牢牢抓住；假如是不愉快的，我們就把它推開。當我們逐一處理每一個念頭時，就會發生以上兩種現象。但是當心是寧靜的，保持在它的天性之中，沒有搖晃擺動，即使這些念頭來了，並無處能讓它們鉤附上去。假如我們的心是自由的，這些念頭可能會出現，但它們不會黏著。

處於那樣的心理與禪修狀態是很自然的，但我們有時反而以為平常那種「黏答答」日常生活還更自然，因為我們身在其中已經太久了——它已經變成全自動。如果我們仔細而深入地檢視，會發現那並不自然——它只是串習而成。當心有機會深度安歇，它會瞭解什麼是它的本性、什麼不是。讓心深深地保持**本然**，你會找到答案。允許心靈向那樣的狀態開啟，是非常重要的。

◇簡介空性（Emptiness）

當我們放鬆到一種程度，超越了我們那銅牆鐵壁般、僵硬定義下、對真相的世間見所帶來的焦慮，並且該世界的銳角與瑣碎細節也開始軟化時，我們體受到一種和諧感。這兒，我們已經來到空性邊緣——我們不再相信萬事萬物有一個固有的、自性的存在。這裡放鬆下來的，是我們的心及它的慣性假設——它的心理制約。當我們仔細觀察，會發現事物並沒有獨立、分離的實體；相反的，它們之間有一種相互依存的關係，模糊了我們加諸其上的分界線。它們並不是真正的「東西」。這甚至可以更細微地觀察，直到原子與次原子粒子的層次。因此一切事物都無有自性（intrinsic identity）[18]，無有獨立的存在。

然而，空性不可和「空無一物」混為一談。萬物皆是相互觀待而生，先天的醒覺與智慧特質，在我們的宇宙中從未缺席。能夠**證悟**（perceive）空性的，是智慧之心的澄澈——在這種靜坐中，我們開始發展的澄澈。（「沒有任何一法不是相互觀待而生。因此沒有任何一法不是空[19]。」）【未曾有一法，不從因緣生，是故一切法，無不是空者。】

但我們需要經由靜坐精煉我們的心，才能得到那個體悟。通常當我們注視著海洋時，看見成千上萬的波浪，大大小小，都在海面上，整個海洋看起來都在擺盪、起舞。然而，在某個時刻，波浪可能全部靜止下來，留下一個清澈、寧靜、明鏡般的海面。接著我們可以看穿海洋極度的澄澈，下達大海深處，而且海面的澄明還會反映出天空、雲朵、星星、太陽與月亮。任何東西通過那波瀾不驚的海面，都被鏡面完美無缺地反映出來。

18 自性有：有時口語上稱為「從它自己那邊成立的」。

19 龍樹菩薩，中觀根本頌 24:19，引用於 Adam Pearcey 編 A Compendium of Quotation, 第6版.（Lotsawa School, 2008), 68. www.lotsawahouse.org.

同樣地，如果我們的心被動邋而忙碌的念頭與情緒所遮蔽，就無法深入內心，我們的心也無法清楚反映出萬象。當我們真正擁有那片澄澈，見到事物的真實本性——內內外外——那就是觀入空性，我們可以直接看清萬法缺乏自性的存在。

再次說明，我們永遠不要把空性與空無一物、一片真空、一個缺乏光線與能量的黑洞等意涵混為一談，也不該把空性理解成一個物體、一個「東西」。相反地，它是一個直接的領會。

◇把心靈向幸福開啟，體驗心性本質

我們剛開始學習這種形式的靜坐時，可能會發生一點困難，因為心有製造念頭的傾向，而思考流程又在每一個接續念頭中創造更多的念頭。從經驗中我們得知，那將導致寂止很難達成。此時，我們可以用喜樂之心問自己：「我為什麼分心呢？何不臨在當下、順其自然？快樂起來！讓心靈為幸福開啟。」然後我們可以運用一點從喜樂之心而來的激勵。

當我們的心更寧靜、更澄澈時，那個本質其實就是幸福。為能達成並感受澄明心，第一步是保有一個寂靜的心；然後我們享受那寂止狀態，繼而從欣悅中生起了激勵（激勵是澄澈的面向之一）。當心喜樂而無擾，接著有個很大的潛能可以深化我們對於內在心性的感悟。經由禪修，我們進入一個越來越瞭解自己的過程。隨著我們向它挪近，內在自我會變得更清晰。

心之本質是什麼感覺？若要替自己解答這個問題，必須親自體驗那個連結。由於它是精微的，當我們在散亂中，它不會輕易來到；但是一旦體驗過它，我們就知道有這樣一個所在、這樣一種覺受。隨著我們逐漸熟悉它、記住它，就更容易能夠找到重返它的路途。在往後的靜坐中，我們將拋光這個體驗，使它更清楚可見、明亮，容易接近。

◇意樂安立

我們修習靜坐，是在做一件利益一切眾生的事情。若問：如何能創造一個安詳而和諧的世界？在此我們找到一個有意義的答案。如果我們擁有內在的和平，並且與心靈連結，這樣的發展將會營造出一個內在氣場，它持續得越來越長，對我們所到之處的影響力也會越來越大。

有了更好的澄澈經驗，我們學會如何把幸福帶上路，並且投注在對自己與對他人有意義的行動之中——如同探勘開採地層中金礦一般的種種活動。為了能夠讓此發生，非常重要的是，我們應該發願為自己與他人謀求幸福，從而認出我們的本然、我們的心靈，這種心態與靈動會泉湧而出。當它發生時，我們可以運用這種能量與活力，去造福生命中遇到的各種處境。因此，導向平等利益一切有情的良善發心，乃是禪修精義的一部分[20]。

◇再訪身、語、心

隨著我們深入禪修，讓我們更深一層檢視與身、語、心關聯的「嗡、啊、吽」三個音節。佛教教義中談到的心，其實有二者——思惟的心與感受的心[21]。思惟心或直譯為「大腦之心」，感受的心則與心靈同義。大腦之心是我們最熟悉的，通常被比喻為一部電腦。它能將資訊儲存在我們的記憶中並且再提取，還能夠執行運算等等。但正如同電腦，若非有人觸碰鍵盤不會自行操作一樣，大腦之心要受心靈的指揮：心靈比較關切感受——特別是愛與慈悲。舉凡歡欣、喜悅與鼓舞，以及智慧，都屬於心靈的範疇。

身與心容易瞭解，但什麼是靜坐中的語呢？沉默、無聲的喋喋絮語涉及內在的溝通與討論，這是語的方面。有時候心可能相當沉靜，但是語方面的無心叨絮使心亢奮，甚至身

20 當利他心從智慧之中自發地泉湧而出，這是所謂的「絕對菩提心」。當我們概念化地發展它，例如思惟眾生的苦，這是「相對菩提心」。

21 譯者注：思惟的心與感受的心英文分別為 the mind of brain 和 the mind of heart。後者與前文屢次提及的心靈同義。

體也攪進來，三者全都湊在一起「談天論地」。如果能止下我們的默語，這會影響到心，把心帶入寂止，而身體也會保持寧靜。因此，靜下我們的語，是通往止修之鑰。從那兒，我們可以把三者都帶入禪修狀態。不然的話——例如三者中有二者在靜坐，但一者沒有——可能會產生不平衡。或許心在享受靜坐，但身體可能沒有與之連結，而正感覺疼痛。有這種情況時，你要放鬆肌肉，檢查姿勢，感覺能量的流動，這樣會把身體帶過去和心、語對齊，對準。

◇靜坐實修指南

第三種靜坐的基本結構（也就是首要元素），是保持寂止與澄澈。再一次提醒：身、語、心三者必須在同一個地方，一起安歇。眼睛可以張開或是閉上（你可自行選擇）。無論何時，你若聽到某種噪音或其他「擾動」時，試著輕鬆與它相處，不要惹它，也不要去思考或分析它，只要保持洞開，於是整個環境變成你靜坐的一部分。

如果你允許自己不帶批判地去體會，一切事物——所有聲音、影象、能量等——都屬於靜坐的本質，也沒有任何擾動了；然後，當這顆心變得非常寧靜、無擾、專注時，那一刻你已不再需要下任何功夫。現在需要的是一點靈動，它能夠當下覺受這個定境之能量（有時這種能量也可被形容為「光」）。

有時你可能發覺，在專注過程中，那個「看的人」或是觀察者，變成了心的本身，沒有其他地方可「看」了。然後接下來，最好的點子是保持寂止與放鬆，讓心完全歇息，不要把操忙之心所帶來的壓力與習慣性活動攪進去。試著歇息在空闊中，徹底擺脫那些活動。這是開始感受更專注與更統合的最佳方法。

另一個你可能採取的方法是：達到專注狀態後，便不斷地口頭提策自己「保持下去」。但是你若採用這個方法，如前已述，就有點做過頭了。因此與其強行逼迫，不妨試著與安歇的天性交融、結合，然後欣賞、享受這一種寂止狀態，體驗它，但不要做太多。省下你的力氣，別去掌控心，或是操縱它進入你嚮往的狀態。

靜坐時，你可以偶而暗示或提醒一下自己有關慈心與悲心——一種認可一切有情的心靈都渴求寧靜、幸福與美好平衡生活之意樂——的重要性。有時在靜坐中，你徹底被鼓舞了，你的心非常寂止又澄澈，那個覺受是悲心——這是仁慈，這是澄心，而且我們會受到激勵，並且感到快樂。

在某一座當中，你可能開始於非常寂靜、清澈、專注——清新如一朵雛菊——的狀態；但是到了某個時間點，當念頭介入，並帶往冗長的絮語與思緒時，澄澈失去了。那時你可以暫停靜坐——或許變換一下姿勢，眨眨眼睛，把頭向左向右搖晃幾下……等。這會讓你清醒過來，有助於重新回到靜坐。

開始一座禪修時，帶一點輕柔的努力並沒有錯，例如你可以建議：「頭腦，這次我們別被打亂，好嗎？沒有必要思考。只需要專注，保持愉快並受到鼓舞。」並且如果你在群體中靜坐，勉勵自己去感受來自周遭禪修者的群體能量。若有機會參加這種共修活動，很有幫助，它的力道強大，十分殊勝。

當我們忽然能夠覺知到「群體靜坐的能量」這類東西，或是感覺我們需要暫停或檢查一下自己的意樂……等時，這是一個察覺以及體驗淨覺的好機會。我們覺醒了。有時候我們需要當一下自己的導師，聆聽「內在師長」教導我們如何進行禪坐。這種來自明鏡般內在老師的反思，非常有用。到了這麼精微與親密的層次，只有我們自己可以看見自己。這是為何我們的自心可以成為一個如此有力的指導教授，能提供我們靈修與靜坐建議的來源，不應僅限於師長與書本。

隨著我們的心更全然地開啟，我們可以更深入觀察自己，並發掘有關我們修行的真正所需。明瞭了那個，我們必須耐心向前推進，不要氣餒。這種愉快的勤勉與精進有助於我們修行。

☆修行重點提示

- 不論你看見、聽見、感覺到或經驗到什麼，只管保持不帶期許的洞開。
- 整個禪修環境就是你的心性。用敞開的能量去感受它。
- 讓心自由——自然放鬆。
- 不做任何批評，也不要採取任何動作，只要讓心自在。
- 感受敞開之心的澄明能量，以及心那**安歇**的本性。
- 讓能量的天然流動體驗禪坐——它如瀑布般流動著。
- 讓心敞開，讓它自然流動，並允許澄澈出現。
- 把心向幸福開啟。

＊問與答＊

問：假如，經由這種靜坐，我已不太涉入自己過往的習慣——那些構成我身分識別的大部分習慣——我不會因而失去自己的識別性嗎？

答：是的，你可能失去你的特色，那些我們稱為「自我」的心之習氣。但你會獲致一個核心強項，那會提供你更多的洞見與更崇高的人格特質。

問：在對空性的解釋中，您提到「相互觀待」，那是什麼意思啊？

答：空性並不是「空無所有」。我們要空掉的是四邊——有、無、亦有亦無、非有非無。出於習慣或下意識，當我們去體驗或思惟某個對境、某個法的時候，根據佛教哲學的說法，我們會去斷言「它存在」、「它不存在」、「它既存在又不存在」、「它既非存在又非不存在」。我們用自己的心理制約，把這種模式或詮釋加諸萬法。當我們超越我們習慣性對這四邊的執著時，我們的覺受將會自發且相互觀待地展開。在一個無盡的、相互依存的網絡中，一切萬法都依靠著他法而成立。

問：究竟如何將良善動機——菩提心[22]——和有效學習靜坐連結起來，成為一個好的禪修者呢？

答：這是一個非常重要的問題。當你開始靜坐與靈修時，你必須把你的感受之心與思惟心兩者都開啟。舉例來說，你的思惟心可能想用思惟來修行，但是你的心卻想要感受靜坐。那時，你該如何進行呢？試著以感覺切入。因為你的修行並不只是為了自己的幸福，在修行中你經驗到的幸福，可以成為別人幸福的根源。而且我們發現，在靜坐中替別人著想時，會讓我們自己更加快樂。所以，假如你有發自內心之慈愛的正確動機，將會比你以思惟心的習慣為重心進行修持，更能有效利益一切有情。

22 對自己與對他人的慈心與悲心。

問：您所提到身、語和心「歇息在同一個地方」，究竟是什麼意思？

答：如果你的心完全在它的天性中歇息時，那麼身、語和心之間將不再有區別或區隔，它們成為一個統合的覺受。這是「歇息在同一個地方」的意思。

問：你如何曉得自己正在進步呢？當你在進步的時候，你會感覺到什麼？

答：有一個徵兆是，你的心不再那麼狂野——這是非常重要的一點。第二點則是，禪修與一種內在的溫暖有了連結。當你走近你天生的覺知時，它會出現，你會由衷地感受到它。當你感受到那個時，你是非常寧靜的，而且可以在比較不散亂的狀態下，持續保任更長的時間。對自己以及對待他人，你可能也會感到有更多的溫暖與慈愛。這些是其中的幾個徵兆。

第四種靜坐：觀修

‧不要有關於實修時「何者正確、何者錯誤」的壓力，不要過度擔憂它是否完美。

‧觀察心與念頭。這是觀察與專注在能量上的一種更精微的層次。

‧體驗寂止、澄澈、自在的心。觀修的安住狀態會導向自我轉化。

‧帶著熱情與愉悅，欣喜地安住。

◇超越表層的「觀」

若要瞭解什麼是觀修，藏文 lhag-tong 的字面直譯有一些幫助。lhag 的意思是「更深入地」，tong 是「觀」或「明澈」或「視野」。翻譯為「勝觀」、「徹見」或是「明觀」時，這個名詞意指「察見一個人的內在天性、本然，或勝義天性」。它點出了超越表層的觀。此處我們有一個三百六十度的視野，不被任何死角遮蔽，以帶著澄澈的止修和觀修一起運作。止修——前面兩章所發展的——提供了專注點，接著就是觀，它打開光源，照亮我們當時的所緣。也可以說，前三種靜坐提供了工具，經由它們，我們可以開始體驗智慧，直接觀入實相。

再重複一次，如同寂天菩薩在《入菩薩行論》中所說：「經由深入勝觀與安止之融合，可將心中煩惱克服；明白此理，你當首先尋求止修的寧靜，在喜樂與出離世間貪欲中你會找到它[23]。」【有止諸勝觀，能滅諸煩惱，知已先求止，止由離貪成。】

當我們完全放鬆時，心是澄靜無波的，這樣能夠讓我們瞭解自己更多一些——我們究

23 寂天菩薩，入菩薩行論，8:4，引用於 Adam Pearcey 編 A Compendium of Quotation, 第6版 . (Lotsawa School, 2008), 85. www.lotsawahouse.org.

竟是誰？什麼是我們本然的天性？我們存在此世間的意義是什麼？並且因而得知：「什麼才是重要的？什麼不是？」內在與外在環境之間即有了連結。這樣的修行還會為我們帶來進入諸法實相的勝觀。

觀修——又稱**毘缽舍那**（巴利文為 vipassana，梵文為 vipashyana）——如今非常盛行，而且通常的傳授方式，比我的教法更具系統化[24]。但此處我們試著不要那麼一板一眼，不要有那麼多關於實修時「何者正確、何者錯誤」的壓力，不要過度擔憂它是否完美。我們找尋的是通往心靈與內在本然的感受與連結。

當勝觀把內在特質揭露出來的瞬間感受，有時比你費盡氣力試著完成一長串表列目標還更重要。我們雖然不採用傳統的刻板公式學習觀修，但仍然可以得到它的精髓。你的心在不散亂的狀況下是什麼感覺？觀察那個感受。那——就在那兒——就是明觀，就是勝觀。

無論是在靜坐中還是整天的日常活動裡，觀修可帶來放鬆，並且從中生出啟發，讓心得以安歇，不再那麼忙碌。我們的心並不永遠需要這樣的忙碌，但我們已經不由自主——它已變成一個恆續的習慣。即使當日的工作已經完成，我們的心還在繼續工作，就像還沒

24 傳統的觀察修是以四個念處（身、受、心、法）以及《念住經》中所說的（身、心、受、障、蘊、識、覺支、四聖諦）作為禪修的所緣。主要的概念是：去觀察這些所緣都沒有自性存在的本體。

有「打卡下班」一樣。不僅如此，身體也經常維持緊繃狀態，強迫性的思惟模式不斷地追捕我們，我們變成它的奴隸，阻礙了我們與內在本我的接觸。

有時候我們把這種情形稱為「心不守舍」，意思是：我們的心在那個當下並不舒適自在。這種狀態不但毫無必要，而且一點幫助都沒有。越專注於內在，越有潛力去辨識並體悟我們真正的天性與潛能，達到真實的內在快樂。這是我們都想追求的快樂。

我們希望為自己以及友伴們找到這種快樂，但是通常我們根據外表來找尋快樂，那總會招來困境。佛家對此有個譬喻：我們把自己擁有的牲口如牛、山羊、綿羊……等，安置在畜舍中。可是，第二天我們卻跑到田野和森林中找尋牠們，然後因為找不著而困惑不解，忘了牠們就在家中，從頭到尾都待在畜舍裡面，沒有離開過。同樣的，我們去到外界環境想要找尋快樂，卻忘了，在心靈中才會找到真實而持久的快樂。

為了達到「快樂能夠自然展現」的那一個內在層次，我們需要擁有一顆澄明而平靜的心。如同所有靜坐一樣，這無法靠著勉強來達成。如果你奮力「挖掘」寧靜與寂止，它並不會來臨。反倒是你越努力挖掘——就像你瘋狂地翻遍一個巨大的礦坑，想要找尋某個細小精緻的東西——越會發現，自己離所要找尋的東西更遠了。因此，關鍵是少做一點，讓心休息。

平和與寧靜的素質是心靜定本性的一部分。你越安歇，這些特質會出現得越多，而且快樂伴隨它們而來。因此「觀」的關鍵是去覺受放鬆——心的休憩天性。靜慮非常重要，但要喜樂地入定，於是會有輕安、許多的熱情，以及喜悅。

◇帶著澄澈入觀

在這種靜坐中，我們探索入於實相的明觀——植基於深度的放鬆、一種真正深刻的理解與感受。當心穩定而專注時，接著當有念頭生起，你會直接而立即見到那些念頭的本質。

我們並不關切思緒的內容。我們不攀緣它們，想著：「你是個好想法，歡迎！」或是：「你是個壞念頭，滾開！」我們也不會不經意地就被它們帶跑。此處我們自然地體驗事與物，包括念頭以及所有其他萬法。我們的目標是超驗的（transcendent）知識與智慧——在平靜無波的心中自然顯現的品質。

事實上，**勝觀**——明觀——也可以解讀成「見其本性」。若不深刻瞭解並且看清念頭的本質，我們將只是追逐著它們，忙於應付。靜下這顆心有助於把它們固定在位，因此我們可以仔細檢視，清楚看到哪些念頭正在連結，以及接著會出現什麼。

如同我們在前一種靜坐所學，當心寂靜的時候，澄澈會從寂止中生起，將有較大的機會探入我們的真實本性。當它更自在而且比較不忙碌的時候，我們的真實心性才能照耀穿透。這確實是觀見更多、瞭解更深之鎖鑰。

觀修也會帶領我們發掘心中以及靜坐經驗中的明性。我們認識外界的光源如太陽、蠟燭火焰，以及其他明亮鮮明的外象，有時我們以為那是光明僅有的類別。但是心也有一個明性，即宏大的、燦爛的生命與覺知——雖然我們很少見到它。在此處，光明代表尋找內在澄澈，那是吾人自己的光源。此乃終極澄澈。

修觀與智慧相關聯，不可與純粹的外在事相、資訊……等知識混為一談。智慧——大尺度的領悟，超越了尋常瞭解的界線——涵括澄澈與啟發。勝觀有一種細微的銳度，然而這種細微性還同時帶著能量與淨光。這種認知性智慧之能量，是勝觀經驗的一大部分。如同法稱論師在《釋量論》中所說：「心的本性是根本淨光。垢染只是外來客塵。」[25]【心自性光明，諸垢是客塵。】[26]

25 法稱論師，釋量論，引用於 Adam Pearcey 編 A Compendium of Quotation, 第 6 版 . (Lotsawa School, 2008), 85. www.lotsawahouse.org.

26 譯者註：《釋量論》第二品〈成量品〉，第 209 偈頌。

◇觀什麼？

在勝觀或明觀當中，什麼正在清楚地體驗？那是內在的心，帶著專注、帶著放鬆；那是不受干擾的心，那是完全自由的，我們可以看見、感受、體悟這種完全的自由。這是淨光，不必然是視覺色彩上的明亮，而是我們在一個活力能階上身體可以感受到的光（那時同樣可以體驗到視覺上的光）。深深安住禪修，不受打擾，心的本身會自我投射，保持臨在，光明朗淨。這種內在能量與淨光的體驗，非常寧靜與舒適，並帶來一種特殊的滿足感。

這第四種靜坐，也是觀察與專注在能量上的一種更精微的層次。相較之下，第三種靜坐是粗略的。**專注**並不表示身體緊繃，它是**不帶散亂的歇息**。如果推促過猛，心可能會浮躁起來，然後我們發現自己離開了禪修。隨著我們發展這一種靜坐，身體放鬆了，而且感覺能量流轉遍布全身。我們感受靜坐者、身體、靜坐、能量……沒有區隔，它們已經統合了。

觀修的安住狀態會導向自我轉化。舉例來說，如果你認為你有一些念頭是那麼邪惡，壞到只要它們一出現就為你帶來恐懼焦慮，那麼你只須耐心地與它們同處，歇息一會兒，然後那種敞開會讓你看見它們的超驗本質。在這個層次，沒有理由害怕或阻擋任何的念頭或情緒，它們全都可以整合進入禪修。這種驅入途徑，對於正式禪座或是日常生活都有助益，因為一旦我們對於內在心識有了清楚的認知，這會讓我們有能力看清周遭一切事物的真實本性。

勝觀也強調空性。由於強烈的貪欲與習性，我們堅信「一切事物真實而堅固」。如果我們思惟並多瞭解空性，那將會鬆開心的慣性緊繃，自然而然有助於我們在比較放鬆狀態下的觀察。試著體驗這一種超驗知識，體悟「自己」或「自我」的虛幻本質（關於「自己或自我並無固定、獨立之存在」的概念），並且向內住緣，讓自己處於勝觀覺受之中。例如，靜坐時我們可能偶然感到一波強烈的反感、負面情緒，但如果我們決定不跟隨情緒的波濤，只是看著它，但不要潛入其中，耐心地允許它自行消融，則我們會體悟，原來它是空的，沒有任何實質，從來都沒有。於是揭露了「它缺乏一個固定、自性的存在」之事實。

因此請簡單化，找尋不帶複雜性的本質。這是一條通往覺醒的捷徑，只要與關鍵點、核心點——空性的本質——同在。空性之中就是本質，就是澄澈。澄澈與一個人的淨心或自己的真實本性是形影不離的。

◇激勵

有時候，我們可能自然而然覺受到全然超驗之心——寧靜、澄澈又自在的心。在不預期的情況下，它發生了，並不需要太多的引導或技巧。你看著自己那天成無謀的心，所有一切都清澈而臨在。然而有時即使奮力嘗試，想要一瞥勝觀與智慧，卻是困難重重。又有些時候，你的心或許沒有在做很多事情——它不散亂、很專注、表現良好等等，但當下你卻仍然感覺昏昧、混沌，並沒有和能量或是激勵產生太多的接觸。

觀修練習對此有解：我們如何激勵自己，但不逼迫過度或是心封閉而緊壓，導致昏沉、嗜睡與沉悶？持之以恆的練習，有助於安定我們的心性，允許我們的心逐漸適應自由狀態，不再那麼忙碌。但是心的這種自由天性並不枯燥沉悶，它是醒覺的，活力充沛，而且清澈。

勝觀的覺受不僅只是體驗「心處於不受干擾」的狀態，還包括行者對於「暢行無阻之心的能量」的體驗。微細能量是澄澈覺受的一部分，這個覺受比修安止時深刻許多，雖然我們應先得到寂止，並以之作為激勵的基礎。這一點非常重要。其後，隨著明觀從中生起，於是心能夠歇息在那不散亂的狀態更長一段時間，我們體驗到更多的激勵。此刻的放鬆，有一種非常不同的特質。最終，我們身體裡面會感到更大的放鬆，以及一種能量的喜樂感覺，那時候會出現一種鬆弛感，同時，更大的醒覺與鼓舞也會來到。這些是你正在走向與內觀連結的徵兆。

當你在這種靜坐中得到一些等持的時候，它那激勵與熱切的特質，將會與你規律的靜坐時間以及環境連結起來。你會臉上帶著一抹微笑地想到：「哦，靜坐時間到了！這是我的禪修空間。」並且，即使困難再度出現，只要稍微施加一點輕柔、慈愛、敞開的力道，你的心將受到激勵，在放鬆狀態下繼續禪修。

◇廣袤空闊

當念頭現起時，你並不真的需要與它們切斷或是從中逃離。與其那樣做，你不如允許心靈洞開，利用這個廣角鏡頭，以一個更清澈、空闊的視角，體驗心的實相以及其本質。這會讓你對於「目前的情況到底如何？」自然而然得到解答；並且，既然不再有疑問或困惑，這也有助於讓心安住。

所以我們帶著點力道開始，告訴自己：「來靜坐吧！不要緊抓著念頭不放。」假如我們持續聚焦於對所現起念頭的喜愛或厭惡（我們已經知道，此乃執著的一種）上面，不讓張力鬆開，我們可能弄得身心俱疲，平白浪費許多能量。

現代神經科學已經證實，靜坐可以幫助放鬆身體與神經系統。當我們能夠保持在寂止與澄澈之靜坐的「甜蜜點」中時，會發現自己正在獲得能量，而不是流失它。能量的增加，有助於穩定我們的禪坐。

對照一下我們嘗試讓自己保持清醒、頭腦清晰、精力旺盛的各種人為方法，例如喝咖啡。它可能在一小段時間內奏效，但我們通常仍感覺到隱藏其下的疲憊。然後隨著咖啡因的消褪，我們又被拋回昏沉、緊張、嗜睡、無精打采的感覺中。靜坐則讓我們可以自然充電，因為放鬆會正面影響心與身。

敞開的另外一個面向，先前已稍微提過，就是當我們的靜坐環境中包含各種狀況時，例如：鳥叫聲、電話鈴響、嬰兒啼哭……等，不要帶有任何的批判。我們可能會體驗到，從我們六根而來的各種外境現象。要全然洞開地面對它們，隨它們去——不去論斷是「好」是「壞」，它們的空性會自然昭露出來。

在這個「敞開或緊閉？」十字路口之抉擇，決定了靜坐的氛圍。你應當臨在當下，廣納來自四面八方的聲音與其他外境，讓它們成為你放鬆與激勵的一部分，而非擾亂你的困境。隨著批判的態度鬆緩下來，心比較不忙碌，且更開放、廣闊，然後只要與那個狀況同在，保持耐性，拋掉所有期待，你會覺受到空闊，那就是你心的本性了。而且如果你在團體中靜坐，敞開也會讓你與集體能量交流取予，讓每一個人的禪修增上。

◇菩提心意樂——慈心與悲心

請記得以一個正向的態度開始，保持對自己與他人的敞開與仁慈。再說一次，佛法中這叫做**菩提心**，或是**慈心**與**悲心**。修習這個，對於禪修非常有幫助，因為它賦予了禪修更大的意義與目標。

眾所皆知，靜坐能夠訓練人們使心專注。但是僅有專注並不夠，畢竟，我們也可能專注於從事非常負面的事情。我們專注的目的，應該是為了發展某種聖潔圓滿之事——專注使我們的心能夠選擇從事利益自己與他人的事情。如《賢愚經》中所說：「不要輕視微小善行，認為它們沒啥利益，因為即使涓滴之水，終將盈滿巨大容器。」[27]【莫想善微小，無益而輕視，水滴若積聚，漸次滿大器。】是故，禪修非常具有潛力，其深度與效益遠超過只是學習讓心專注。所以請提醒自己，要發起意樂的時候，應以「擁有一顆敞開之心靈」為你的動機，這是非常重要的。

27 釋迦牟尼佛，《賢愚經》，引用於 Adam Pearcey 編 A Compendium of Quotation, 第 6 版. (Lotsawa School, 2008), 18. www.l otsawahouse.org.

當心比較平靜、比較不散亂的時候，我們對於純淨、愛與慈悲的感受會更為強烈，並帶著更大的澄澈。如果這顆心忙碌、散亂、不時地被打斷，我們可能會體會到一種悲心與仁慈匱乏的狀態。但那是短暫的。悲心、慈愛與智慧的天性，在我們的內裡從未缺席。所有我們需要做的只是與它連結，並讓它表達出來。

我們應該嘗試以慈悲心的純淨動機展開我們的靜坐。這個意思是說，我們禪修是為了想要清楚澄澈地見到自己的心性，以達成利益自他的目標。我們正在加深對於智慧、心、愛與仁慈的自我瞭解與連結，以便建立心的穩定性，並將那些施予自己與他人。在佛陀的教誨中，這被稱為**發展覺醒之心**，其實它本質上就是慈心。

◇上座觀修

如同前面所說，請試著保持一個挺直坐姿，不要彎腰駝背，或是過度向一邊傾斜——使身體的脈直指向上，自然支撐靜坐，並有助於身體的舒適度。但同時不要變得過於僵硬也很重要，我們需要彈性。

建立菩提心意樂——祈願利益一切有情——之後，我們從身、語、心開始，確認身體是一個舒服的姿勢，心已受到激勵，語沒有在喋喋不休，三者此時和諧統合，感覺更加安歇在我們本質的單一性之中。我們只是一個人、一顆心，而並沒有那麼多的念頭得去處理。不散亂時，我們體驗到這統合為一的能量。

再次用嗡、啊、吽的咒語來開啟，並且放鬆我們的身、語、心。禪修的時候，讓三者在同一地方、以單一本質一起運作，非常重要。首先我們的注意力與敞開去到身體，讓身體放鬆。然後是語言：從語言中心跑出來的絮語，是念頭的起動器與刺激物。如果絮語增加，更多的念頭會跑出來。我們的念頭越多，被捲入念頭的傾向也越大，甚至到達激起焦慮或是身體躁動的程度。因此我們要試著擺脫：「此刻，是靜坐時間到了。」

畢竟，花了時間上座去修禪的全部理由，是為了得到一些有關如何降伏我們內心的概念，並將之運用到日常生活。一點一滴地，你會擴展並且加深這個智識以及它的應用，並將此激勵感帶去利益我們自己以及他人。

如前所說，有時在靜坐中，微細的思緒潛流或其他類型的念頭與點子會出現。你甚至可能完全沒有察覺，直到它們巨大到足以向你宣示：「我來了！」驚訝之餘，我們問道：「你們是怎麼來的？」它們是什麼時候來的，非常難說，但這些暗藏的念頭就慢慢潛爬了進來。因此，禪修不該如無意識般。它有意識，有覺知。你需要保持著這個覺知——覺知著歇息，覺知著放鬆。那麼當那些潛藏的念頭來臨時，覺知會有幫助——你有能力感知它們的迫近。然後當它們真正出現時，不要把它們推開，你要試著更深地安歇與放鬆其中——在你心靈的中心。如此你不必像個修理匠一般，得要走進去修整它。

有時當念頭產生的時候，你好像覺得：「哦，我必須推開這個，關掉那個。」那是因為我們總喜歡做點什麼。我們習慣於做事情，習慣於干預，習慣於旺盛地使用這顆心。由於這些習慣，要你什麼都不做是有困難的。但請注意，就在嘗試擺脫一個散亂的過程當中，我們已經創造了兩個。重要的是但隨它去，不要和它瞎攪和，安歇。然後當事情來臨的時候，它們會處理自己。試試看那樣做。

如果你允許你的心**不做**事，但仍然保持覺知，心中醒覺的部分是不無聊的。平常如果心不做任何事情時，它很容易感到無聊。但是當你不做任何事情卻不太感到無聊的時候，意味著你的禪修在進步，這基本上表示你正在體驗禪修的感覺。靜坐不是一件你在**做**的事情，只是感受安歇的心。感受安歇的心，而不是做什麼。請記住。

開始時，你首先可能需要以一個物件作為專注的所緣；然後當心有一點得定的時候，就只要歇息，緣著放鬆的能量靜坐；最後，一個所緣似乎不再有必要的時候，你可以放掉它，安住於無所緣——在澄澈上。澄澈表示「心在自然安歇」。這時候，允許任何事情出現，讓所有一切融入這澄澈與休憩的天性，然後去體驗那讓心感到愉快並且微笑的感覺。當這顆心不受打擾，穩定專注，然後當念頭生起時，你直接立即看到那些念頭的本質——是一個非常正面的覺受。如果反面狀況如負面情緒或是緊張出現了，儘管放鬆以對。如果你覺得想睡或是昏昧，試著在心裡弄點聲響或什麼，然後重新開始。撥轉開關，喚醒你自己。你並不需要跑回頭去查驗先前的念頭，只要臨在當下的片刻，並與澄澈融合。

☆修行重點提示

- 跟隨呼吸。
- 不要跟隨念頭，要充分歇息並且放鬆。
- 感受安歇的放鬆。
- 不要緣得太緊，只要保持自在。
- 放鬆進入你的身體。
- 讓能量以一個放鬆的方式自然運行。
- 保持澄澈與明亮。
- 讓心重新清醒。
- 觀察心與念頭。

• 清淨地歇息。
• 體驗寂止、澄澈、自在的心。
• 帶著熱情與愉悅，欣喜地安住。
• 體驗一個三百六十度的視野，不被任何死角遮蔽。
• 做幾次深而緩的呼吸。

問與答

問：如果我們的精神與情緒習慣於不自由，習慣於被制約牽制，當我們從觀修中開始體驗自由，隨著我們的明觀加深，尤其是我們正在移動已經深刻鏤印的能量模式時，難道不會造成心理、情緒甚至生理層面的不協調與不平衡嗎？

答：當內在的改變顯現於外，強烈到足以動搖你的情緒系統時，基本上是一個好的徵兆。若你感覺到這種靜坐與靈修所造成的不和諧與不平衡，在冒然停下你的功課之前，你應該先找一位禪修老師或是有經驗的禪修者，聽取他們的建議。

問：如果，在禪修時，我們允許自己隨意捲入那些一出現就會造成恐懼與焦慮的邪惡壞念頭，難道不會鼓勵一種生活中對別人漫不經心的態度，造成對他人或對自己的傷害嗎？

答：在這種靜坐中，我們允許壞的或邪惡的念頭自由生起，但是我們並不捲入。那是完全歇息的心。然而你必須平衡這個禪修觀點與日常舉止。如同蓮花生大士[28]所說，如果你的見地如天一般高，你的行止應如微塵般精細。【我的見地比天空還高，但是我對業果的抉擇取捨比粉末還細。】[29]但如果這種靜坐導致你從事負面的行為，你應該暫停，並且請教一位具格的禪修老師之後，才能繼續。

問：當我們探索觀修，努力辨識或體驗我們念頭的真實本性，我對於這裡所說的「念頭的真實本性」有疑問。若我試著去判斷「這是否純粹是覺受所得、非分別念所生？」抑或「是否發生了某種概念性的突破？」時，我經常跑得撞牆。我不確定我正在找尋的「念頭的真實本性」是什麼。

答：當念頭止息的時候，心相對而言是更開放的。我們不過度進入念頭或是跟隨念頭，我們感受並且直接知道當時的覺受，不被拖入「這個」和「那個」……等。因此「瞭解其本質」意指放鬆地與念頭一起在深層歇息，在那裡，我們見到它們的本性，但並不專注於它們的內容。我們覺受到的一切，都被帶入平等性（equanimity）的一味之中。我們體驗到念頭的本質，那並不是分別念所生。

28 蓮花生大士（西元第八世紀）——又稱上師仁波切（Guru Rinpoche）——是把佛法從印度引入西藏的最主要人物。藏人尊稱為「第二佛陀」。

29 譯者註：中文引文見於多處，如：敦珠仁波切〈心要珍寶〉。

問：也就是說，以觀修的方式，可以敞開、加寬我們正在覺受的場域，但同時帶著紀律，不致被弄散亂了。這樣說正確嗎？

答：是的，而且那是我們為何不真正把念頭關閉的原因。當念頭很寧靜，我們在放鬆中體驗它們的時候，念頭並不是打擾者。念頭僅僅只是個數據流，以能量形式傳達的訊息，餵養著我們的澄澈。因為我們的心非常放鬆而敏銳，不管什麼現起，都能清澈地投射出來。

問：我進入禪修，然後我忽然發現自己不記得前一分鐘、前五分鐘——它只是一片空白。那表示我睡著了嗎？我不記得處於虛空，但我知道那最後一小段時間只是空白。我睡著了嗎，還是發生了什麼事情？

答：有時候當那種情況發生時，並不是真正的睡眠，只是影響覺知的一種昏沉。那似乎是我們的注意力有縫隙，我們在那些縫隙中失去了澄澈。所以我們需要重新提振心神，就像時不時的要將電腦重新開機一樣。

法義回顧1：第一部分相關之法理

這一章和相關章節「法義回顧2」是這本禪修指南的補充材料，準備「直接跳下去修行」的讀者可以略過這兩章。

建立一個堅實的禪修計畫所需要的所有資訊，在介紹七種靜坐的章節中已完全涵蓋。然而有一些靜坐初學者或許感到好奇，想要瞭解這七種不同形式靜坐的來源。另有一些稍加涉獵藏傳佛法的讀者，可能希望把本書呈現的非傳統修行途徑與一般通行的標準修行次第與法理做一個連結。

自從歷史上記載的佛陀釋迦牟尼（又稱瞿曇或悉達多）於西元前五世紀說法開始，有許多的佛教部派陸續誕生。佛陀說法總共四十五年，緊接在佛陀涅槃（逝世）之後，他的一些學生展現出超強的記憶能力，他們舉行了會議，把佛陀的開示記錄集結下來。從這些佛陀的教誨中，總共衍伸出超過十二個部派，其中只有一支留存到今天——即所謂「長老說佛教」或南傳佛教[30]。這個教派現今可在東南亞洲一帶找到，其主要修行包括**奢摩他**與**毘缽舍那**。較晚的大乘（字面意義為「大的車乘」）佛教以及其後的金剛乘（字義為「金剛鑽車乘」）佛教發源於印度，流傳到中國與日本，然後從十八世紀開始進入西藏。藏傳佛法結合這三種主要佛教傳統——南傳、大乘、金剛乘——成為一個無縫的整體。初學者通常從小乘起修，繼續進入大乘和金剛乘；後二者被認為更加微細、精純、強而有力。

◇法

佛法常被比喻為：有著許多切面的一顆寶石，由每一個切面燦爛地整合成為一整體。這——佛法——是一門極為浩瀚、複雜，並且詳盡的學問。我們有可能完全沉浸於它的複雜性中，而時常被警告：如果真正令我們感到興趣的是佛法的目標——去除一切眾生的痛苦，達到開悟的彼岸，那麼最重要的應該是修行，而非學術研究。

佛陀最初教導的是四聖諦：苦無所不在（苦諦）；「苦皆有苦因」之事實（集諦）；「苦因可被滅除」之事實（滅諦）；「有一條道路可以帶往苦因終止，徹底終結痛苦」之真相（道

30 Theravada，有時亦稱為小乘佛教。

諦）。苦的原因歸結為**輪迴**，意指我們的心理制約——我們已深刻烙印的習性——左右了我們對這個世間的看法。這些苦因可以概歸為三毒：耽著（貪）、恚惱（瞋）、無明（癡）。（或在三者中加入嫉妒和傲慢，成為五毒。）徹底斷除這種制約就是證悟，就是一切痛苦的終結。佛法中達成此目標的主要方法之一是靜坐。

◇靜坐、心與身

輪迴中充滿干擾，造成動盪、困惑的心，並受著無明的主宰。本書第一章說明了靜坐的精要。靜坐將會靜下並澄淨這顆心，最終無明將會被智慧取代。那麼，心是什麼？此問題的答案，會隨著一個人理解的加深而改變。

佛法中，心不是指大腦。生理上的腦會影響到心，但心是非物質的。心與身之間確實存在著某種關聯，佛法中對於這個關係做了詳盡的解說，但不屬於此處的討論範圍。

我們一般體驗到的心是一些精神現象——念頭、情緒與感知——連同使這些現象走向台前的覺知。這類似於一個劇場或舞台，各種演員進場，演出，然後退場。戲劇通常混亂又散漫。在相對短的時間裡，我們可能在有限範圍內達成一點控制，但是我們無法全面掌控。即使簡單到一個口頭攻擊或是一雙錯置的眼鏡這一類的小事情，都足以摧毀我們心頭暫時的寧靜。

要去除心的散亂，我們首先打好身體的地基——成為一個舒適的靜坐平台，然後把心定在身體上，使之寧靜而專注。當我們觀察輪迴在我們每個人內裡的運作——我們那忙碌的心，緊張焦慮的身體與神經系統，對許多處境的膝反射反應，不希望出現的憤怒、貪欲、昏沉、嫉妒與傲慢……我們發現，僅僅能夠好好緣著身體禪修，已經是一個了不起的成就。

創造一個寧靜而專注的心，經由正念而達成。剛開始的時候，保持正念——無論緣在身體、呼吸、一個視覺影象、一個咒語，或其他物件，都需要我們逐漸拋掉被輪迴制約住的習性。很自然地，我們會帶著一些興趣與熱情進入靜坐，還有希望能夠達成的目標。但是實修的時候，我們必須把這些放掉，必須防止因期待而創造出來的散亂分心，並且不要情不自禁地把數量——每天的上座次數，我們知道的「更高、更炫」的修行法類，或念了多少遍咒語——凌駕到了品質之上。假如我們匆匆忙忙想獲得什麼，也會把輪迴中的典型壓力帶進來。反之，我們要修耐性。以第一章介紹的融合身與心為例，當我們放鬆到超越我們的欲望、目標與期待時，三摩地將會自然生起。

實際上身體本身就展現出很多靜坐的障礙。我們的思想與情緒並不獨立於身體之外，它們在一起運作。基於此理，調整脈、風、明點[31]的練習，對於清除那些遮蔽住更微細、精修之意識狀態的散亂，極為有用。藏傳佛法中，這包括從最簡單的端坐——那會讓脈「端直」，使風與明點之做行所展現的能量得以順暢運轉——到極為精深的體能運動、呼吸訓練，以及觀想；後者因效力強大而必須以密法保存，只由具格的禪修大師傳授給進階程度的弟子。

從某種角度來說，每一座開始的時候唸誦嗡、啊、吽的咒語，是一種從身體趨入的方法，可以讓我們靜下來，準備禪修。每一個音節連接到一個脈輪——人類身體的能量中心，對於我們的健康、情緒與心理傾向，以及向靈能與禪修技巧開啟，具有強大影響。「嗡」連結到頂輪，那是從頭部中心放射出來的脈輪。「啊」激活喉輪，「吽」帶動心輪。這些音節在一章一章中都會解釋，它們對於禪修有很重大的影響，最起碼在一座開始的時候，把你放在一個「正確心境」當中。

31 譯者註：又稱能量種子。藏文為 tigle，梵文為 bindu。

◇意樂

佛教徒的修行——以及為此而做的任何一切行為——關鍵元素是動機。生命中充斥著痛苦，最終止息一切有情的受苦，是修行的首要動機。這樣的意樂，以及從它所湧出的所有行動，稱為菩提心，那是「覺醒之心」。菩提心涵蓋慈心與悲心，字義的本身已經說明它們的涵義。（完全投入菩提心修持的修行者稱為**菩薩**。）

◇菩提心有兩方面——相對菩提心與絕對菩提心

相對菩提心的修持很重要。在此階段，行者要系統化地思惟其他有情所受的痛苦，然後經由同理心發展出悲心，並且不斷讓悲心隨著時間增長，越來越廣大。

在藏傳佛教傳統中，特別鼓勵修行者專注在自己今生與累世母親的悲心上。畢竟，母親們為我們付出了一切，又教導我們所有的事情，在西藏文化中，她們特別受到尊敬。然後，行者把同理心、感情、慈心以及悲心，逐步向外擴展，從我們最親近的親人友伴，到完全的陌生人，最後擴大到擁抱我們的「敵人」。在佛家宇宙論的無盡時空中，所有的有情都曾經在某個時段當過我們的母親。因此，目標是要感受出平等對待一切有情的菩提心。

相對菩提心進一步區分為願菩提心（經由思惟修發展出來的慈悲心）以及行菩提心（實際上幫助其他有情）。

絕對菩提心從智慧中生起——從最深刻的了悟生起，不論它是在正式禪修中出現，或是於日常活動裡自然來到。在這個層次，**菩提心**與**本初純淨**、**心性**、**淨覺**……等同義。據聞當某者進入這種狀態時，會對一切眾生生起悲心，因為「一切眾生皆具證悟潛能，我們的受苦只是幻象」係在一個直接、離分別的體悟中，變得明顯可見。以下〈四無量心〉祈禱文中反映出了這種悲心：

祈願一切有情具足安樂及安樂之因。
祈願一切有情遠離苦及苦因。
祈願一切有情不離無苦之樂。
祈願一切有情住平等捨。

◇戒律

在佛教的各個教派中，有許多成套的律儀規範。傳統上，比丘持守的比丘戒有二百五十三條，比丘尼持守的戒條更多。戒律有助於行菩提心——行者依戒律行事，以達成利益他人的目標，並且它提供一個不會被罪惡感打擾的心理狀態，也有助於禪修。如果某者的行為合乎戒律，他比較不容易與別人發生衝突，而且將會感到自信又寧靜；不合乎戒律的行為會導致不安與負面業果，結果造成禪修的障礙。

在家居士最常見的戒律準則，是一套必須避免犯下的十不善業。十者分為三類：身方面的三種，語的四種，以及心的三種不善業。一個人不應該做出殺生、偷盜、邪淫（一般是指一個人經由性行為而造成了對別人的傷害）等不當行為，這是身的方面。在語的方面，一個人不應該說謊話（妄語）、粗惡語、毀謗中傷別人的話語（離間語）或是參與無意義的閒話（綺語，包括八卦）。心的不善業包括：想要傷害別人的意圖（瞋恚心），貪欲，以及錯誤的見解（邪見，與佛法要義不符的見解）。一個人若能避免這十種不善業，就是在修十善業。

◇智慧

佛法告訴我們，乘著智慧與慈悲的雙翅，我們可以飛向證悟。佛法所說的**智慧**，不是指經由分別念而累積的關於事相上的知識，相反地，智慧超越分別心，它是實相的一種直接體悟。因此，這種智慧的覺受無法用語言描述，只能藉暗喻來類比。從另一個角度看，智慧可被視為心與覺知的最精微層次。

依據藏傳佛教傳統，進入開悟的門檻是直接、離分別地體驗空性（那也是小乘佛法修行的首要目標），它與實相的外顯層面（或稱**顯現**或**澈見**），融合無二。一位徹底證悟者——佛——的智慧，被形容為具有全知，那是對於一切現存事物，在最廣的範圍內，下達最微小的細節，皆具有的一種直接了悟。既然所有遮蔽真相的障礙皆已滅除，藏匿著有關過去未來的概念面紗消融了，色法[32]被超越，還有許多「奇蹟的」面向。顯然這種智慧經驗是超越語言可以描述的。

西藏佛教傳統中，以**粗**（粗略的）與**細**（精微的）的觀點來描述意識的層次。靜坐的基本目標是把意識精煉，直到無分別智在各種層次中都被體驗到，而導向證悟。這種意識之精鍊，包括不斷地精修注意力、能量，以及放鬆。

除了從直接覺受得到印證之外，智慧增長以及在禪修道上進展的徵兆還包括：負面或煩惱情緒越來越少、和別人的互動越發和諧、慈心與悲心增長、內在的祥和擴展——特別是當我們遇到艱難處境的時候。

32 譯者註：色法（materiality）為心法的對稱。一切諸法以五蘊為基礎加以歸納，可分為色法與心法。色法廣義言之，是物質存在的總稱，泛指占有空間、具有自他互相障礙的「質礙」、會變壞的性質者。

◇空性

空性這個主題在佛法中具有特別重要的地位。確實空性的體驗也會出現在依其他傳統修習靜坐時，但都沒有像佛法這般重視空性，也未曾如此仔細地觀察。

在佛法的最基本定義中，空性意指被觀察之對境缺乏本質的、固有的存在[33]。所論及之對境——無論是一個有形質的物件、心、性格，不論何者——並不從自己方面成立。透過仔細檢視之後發現，任何法都是相互依賴而成立，不是獨立存在的。它觀待著其他的法，依據觀察者制約下的意識而出現。

舉例來說，如果我舉起一個網球，看在一隻飛過的蝙蝠眼中，它是一個什麼東西呢？一隻鳥又會看見什麼？一隻蜜蜂呢？可能它們各自所見都是不同的物體，另有一些生物甚至根本什麼也沒有察覺到。這個網球的樣貌如何，取決於觀察它的那個心識。進一步來說，如果我用人類的心識檢視這一顆球，我會看出它是由橡膠、毛茸茸的纖維、黏膠以及球心的空氣所組成。更深一層去分析它的材料，它是由分子組成，分子由原子組成，原子進一步又可分解為次原子粒子。但現代物理學家並不知道次原子粒子實際上是什麼。（量子力

33 譯者註：intrinsic, inherent existence 或稱為「自性成立的存在」。

學的觀點中，它們只是依據當時所用測量工具之類別——有點類似一隻鳥或是一隻蜜蜂的眼睛，或蝙蝠的「雷達」之間的差異——而出現的機率而已）。

因此這顆網球缺乏一個自性存在的本體。我們把一堆特徵的集合體，貼上一個叫做「網球」的標籤，然後就假設它有一個確切的、具體的存在，事實上並沒有一個「真實的」網球可以被找到。但對境是「空」這個事實，並不代表它們不存在，因為它們確實出現，它們有一個存在，否定這一點就變成了**斷滅見**（這是個佛法中的專有名詞）。而若說對境有自性成立的存在（它們「真正實有」）則被稱為**常見**。在佛法中，這兩種見解都稱為**邊見**，並被視為是謬誤的。

根據《中觀根本頌》：「說『它是』是一種常見。說『它不是』是一種斷見。因此智者不該停留在有或是無之中的任何一者。」【定有則著常，定無則著斷，是故有智者，不應著有無。】兩個邊見中間的「中道」（指得是：對境出現，因而對於感知、並以名言標記它的心識而言，它是有某一種存在，但是並非自性成立的存在），被認為是在可言詮範圍內有關顯現的絕對真理。

我們通常採信斷與常這兩種邊執見，因為我們就是已經如此被制約住，已養成這個習性。但是當以空性的正理（中觀）仔細觀察的時候，這些信念通常就瓦解了。在禪修的時候，我們也可以看穿它們——直接看見它們的空性。思惟空性必須小心，因為如果誤以為它表示空無所有，則一個人可能會認為，他可以任意作為，卻無須承擔任何後果。如果一切毫無意義（任何事都會消失），那何不帶著貪婪、殘忍、仇恨、冷漠等胡作非為呢？但是根據佛法教義，不是這樣的——這完全不是空性的涵義。

佛陀也曾教導**無我**（梵文 **anatman**）的哲理，並且把它應用到人與「外在」的法二者上面。這是說，類似我們的網球之例，我們所假設的人性——我——只是一堆相互依存之零件的組合，而我們把它標誌為我們的「自己」或「自我」（有個有趣的專有名詞，把這些組成自我的成分列表稱為**短暫身聚**）。

我們很容易注意到自己的個性總是在改變——快樂一會兒，接著就是悲傷、生氣、困惑、瞌睡等等。假設有某種「真實自我」躲在所有這些多樣變化的背後，但仔細分析之下，這樣一個「簾幕後」的人，從來沒被找到過。

再次強調，自我不是不存在。我們的特質以及我們為它安立的標籤——「我」，確實有出現，只是並不具有一般我們以為它們擁有的堅固性與獨立性。穿透一般對於自己的假想去觀察，會導向真相與自由。

◇轉世與業

在這本靜坐指南書中，雖已短暫提及**轉世**與**業**，但是在此討論法理的章節中，如果略去二者不談，將顯得不夠完整。

依照佛教的看法，一個人的來世會如何，取決於他行為的道德性以及靈性的進程。輪迴之中總共有六道：憤怒與仇恨牽引去的極端痛苦的地獄道，貪婪與慳吝牽引去的餓鬼道，無明與愚癡牽引去的畜生道，人道，被嫉妒駕馭的修羅道，以及傲慢掛帥的長壽天道。注意到了嗎？其中五道分別對應前面提到的五毒——瞋恚、貪欲、愚痴、嫉妒與傲慢。而人道——被認為最有利於靈性成長者——則包含著全部五毒的混合。

業（梵文是「行動」的意思）是一種因與果的理論。如果行善業，你會有一個快樂的未來；如果行不善業，未來你將經驗到類似你曾加諸於別人身上的痛苦。短期的業果作用容易觀察：如果我們虐待某者——即使只是一隻動物，將來可能會被動物憎恨，甚至被咬。如果我們侮辱上司，將得不到期望中的升遷機會。

在佛法中，業果的理論是精微的[34]，並且跨越多生多世。我們今生的處境，被認為是

34 譯者註：佛法上說，細微的業果屬於「細微隱蔽分」，或稱極隱蔽法，並非肉眼可以見到，或用推理可以得知，必須藉由聽聞聖者所說的可信語，生起信許比量，且依該量成立其境。

過去無量劫以來的轉世中所有善業惡業累積的結果。（這只是業果的一個概括性描述。舉例來說，所轉世者並非如基督教概念中某人的人格或是靈魂般。業果經常被描述為一種**意識的續流**，但是，即使這種說法有時也被認為過於具體化。）

如果轉世之說顯得很玄怪，請你仔細思索物質主義——充斥在我們現代社會的態度與主張。那未經證實的物質主義哲學——本身也如同一種信仰——提出了很多否定轉世的看法。其中包括「形而上不存在論」，認為意識是物質（即大腦）的產物，並相信，一旦大腦死亡，意識也必然消失。

然而反諷的是，雖然最尖端的科學如近代物理學，在很久以前早已放棄十九世紀的科學物質觀，然而後者直到今日，對於通俗思惟的影響力卻仍然這麼大。現今科學上，關於物質與能量的觀點，對於上一世紀的科學家來說，可能會被形容為「形而上學」。而今日的神經科學已經承認，其甚至無法測量或是成功地定義意識覺知。

實際上，有一套並非無稽的科學證據支持轉世之說。曾經擔任美國維吉尼亞大學醫學院心理分析系主任的史蒂文生博士（Ian Stevenson）執行過一個長期、深入的系統化研究，探討過去世的記憶，結論收錄在他所著《轉世與生物學交會》一書中。他的門生塔克博士（Jim Tucker）延續他的研究工作。他們的論點兼具啟發性與說服力，並且完全以科學態度處理。然而科學界基於對科學物質主義哲學基本教義之執著，並不與他們辯駁，只是對這個證據完全漠視，相應不理。

◇傳統的觀修

在小乘佛教傳統中，以修習奢摩它所得到的澄明與禪定作為基礎，行者檢視所有內與外感知的對境，然後察覺它們缺乏自性成立之存在。經過持續不懈的努力，修行者讓自己串習空性的智慧。

為達此目的之多種修行道路中，包括修持四念處禪修以及《念住經》的方法等。以前者來說，行者觀察並仔細（以正念）檢視自己對於身、受、心、法的假想與感知；用《念住經》引導時，我們也是檢視身、心、受、障、蘊、識、覺支以及四聖諦。理想中的結果是：我們會脫離對於這些外相的攀執；這些外相，若以慣常方式看待，都是我們輪迴的基礎。因此觀修是一個解脫的練習。

從這裡的描述，或許你可以想見，這是一套非常正式而且系統化的禪修方法。它是由歷史上的佛——釋迦牟尼，親自修行並且傳授的。

◇六度

雖然沒有直接點明，前面四章已經帶出佛法中另外一個重要的修行——六波羅蜜（梵文 paramitas）。它們是布施、持戒、安忍、精進、禪定、智慧。在生活中穩定持續而精進地修習它們，是成佛之道的一個重要部分。布施有助於生起本書從頭到尾所提的敞開的心靈。持戒可以提供一個堅實的修行地基。安忍既是對別人的寬容，也是某種形式的自我放鬆——允許我們避開由期待而來的憂慮。精進讓我們在修行道路上喜樂前行。禪定——經由奢摩它加以精煉——降伏並且磨利這一顆心，淬煉它，使它能夠證得智慧。

以一個非二元的態度修習時，六度變成了到彼岸的六波羅蜜。這裡要把空性整合進去。例如，修布施度的時候，對空性的認識能夠闡明，並沒有個別的、獨立的、自主的施者存在。同樣的，也沒有一個絕對實質的布施行為，沒有一個受施對象。他們都是相互觀待而連結在一起，並沒有真實本體——沒有實質的施者、布施的行為或受者。如同佛陀曾經說過：「我如夢的幻身示現在如夢眾生的面前，向他們揭示如夢的道路，通往如夢的證悟。」領悟非二元性是本書最後三種靜坐：大乘、金剛乘、大圓滿所談主題之最主要關注點。

第二部分

如同我在引言中所說，前面四種靜坐——來自佛教的小乘傳統——主要是為了訓練心的放鬆與專注。這第一步對於瞭解第二部分的第五、第六、第七種靜坐，以及增長等持，是非常重要的。

事實上，第一部分結尾前的第四種靜坐「觀修」與展開第二部分的「敞心禪修」之間，有著非常緊密的連結。二者的目標，都放在讓我們把心從精神與情緒的慣性散亂模式中解套出來，允許我們敞開迎向智慧的覺受；此時，認出空性是重要的。但是這兩種靜坐形式之間也有一個差異。觀修採取一個較具選擇性或比較狹窄的方式趨入，專注於觀察內在與外在各種外相的本質，當它們在放鬆的觀察下生起時，體認其空性。相對而言，敞開心靈禪修的目標，則放在打破所有的屏蔽與界限，向一個廣闊的平等性開啟，以悲心擁抱所有眾生，並經由直接瞭解萬法的相互依存關係而認出空性。

如果第一部分的靜坐你已有點熟悉，以下三種靜坐的解說對你而言將易於理解。你將進入更精純、更具啟迪性的放鬆覺受。那些你在第一部分已經聽過、看起來十分類似的指引——敞開、空闊、放鬆、能量、臨在當下、激勵等——如今變得更清晰，並且增添了新的維度。

第五種靜坐：敞心禪修

- 試著把一切事物作為禪修的助緣，去感受一體與沒有區隔。
- 不要做任何評判，向所有一切敞開。
- 可去大自然中練習靜坐。那時我們的內在與外在，都是寬敞而和諧的。
- 敞開不只用在輕鬆的處境。而要不論有什麼狀況，心都可以保持平靜不受打擾。

◇更寬廣地觀察內與外

這第五種禪修，一般分為三個層次。

首先，是一個有關外界——物理世界——的層次。我們如何找出一個開放又彈性的方式著手修習，以達成我們的目標呢？我們如何以敞開來因應所有在我們生活中各種不同的處境呢？

其次有一個內在層次，那是一切有情都得面對的，不只是人類。我們或許看不見，但一切眾生都有精神掙扎與困境，導向了心的壓力與緊繃。我們如何盡力處理，把自由以及一種開放的感覺帶入內心呢？假如運用「敞開」來處理外在世界，對於目前的我們還太困難，至少我們可以減少一點心理的緊繃，一個一個地做些小的改變。

第三個層次是正向感知，是最內裡的敞開，它已超越了分別念。在這裡，我們讓心徹底免於擔憂或掛慮。這是一個重大契機，因為即使我們在日常生活的活動中放鬆了，但在那裡我們必須留意的技巧與細節，加上輪迴在心中投射的方式，多多少少會窄化我們修行中的專注。但是在這個最內裡的層次，我們可以徹頭徹底地敞開。

有時候靜坐似乎意味著嘗試做一件不一樣的事情——**變成**有點不同的樣子。但它其實不是那樣的。我們真正試著做的，是**回到**我們本有的模樣，發掘真實的心性，而不是嘗試成為其他的樣貌。但是，時常我們看著自己的念頭與情緒，與它們角力，認為我們的心性可能藏在那裡的某個地方。然而，根據佛法的教義，真實心性是超越干擾的，它很廣大、空闊，並且純淨。當我們與真實本性以及敞開連結的時候，有一個非常大的潛能是，我們將會辨識出：「這一個未受打擾之心的狀態，感覺是非常熟悉的。」出於直覺，我們知道自己返本歸家了。

◇什麼是敞開的心？

這一種禪修含有大乘佛教的觀點——把一個廣袤空闊的心與意敞開，是一種大休憩以及對一切眾生慈與悲的狀態。環境中圍繞著我們的一切皆保持其原貌，我們是它的一部分。在這個寬廣的禪修觀裡，沒有什麼是好的，或是壞的。這種觀點減少了偏私，而偏私會引發我們做出傷害自己或他人的行為——我們必須以正念關注，小心避免之。

對於環境以及眾生，我們找到更多的接受度與滿足感，那就是「敞開」。如同寂天菩薩的《入菩薩行論》中所說：「只要虛空仍然存在，只要眾生仍住世間，願我住世直到那

時，盡除一切眾生悲苦。」[35]【乃至有虛空，以及眾生住，願吾住世間，盡除眾生苦！】

有時候我們可能覺得自己無法敞開，認為：「這不是我能做到的。」但我們應該更有意願與信心。讓我們用家具做個比喻。你可能擁有真正高檔又美麗的家具，卻把它放在一個小屋子或小房間裡面，這會造成麻煩。為什麼呢？局限的處所無法提供足夠的空間，讓你展示與使用這美麗高雅的家具，甚至還可能造成危險，或許你得用軟墊把尖角包覆起來，以免撞上它而受傷。保持一顆封閉又自我珍愛的心——自我執著又緊握不放——與那個情況非常類似。你的念頭與情緒經常處在衝突中，彼此之間不停地衝撞。

禪修當中，當我們發現，由於習性使然，我們的心掉舉或沉沒了，那時不要感到氣餒，也不要對心發怒，試著放鬆，輕柔地處理它，慈悲地面對那個擾動。這是訓練狂野心馬的一種微妙技巧。你必須很輕柔，因而不致帶來反彈或是更多的困難。

當我們敞開並擁有一顆更寬闊的心時，念頭和情緒確實會生起，但它們不會困擾或打亂我們。靜坐中，我們體驗到的一切也是一樣。可能坐在我們旁邊的人正在打鼾，或是忽然傳來一陣電話鈴響或飛機的聲音，我們可能會被惹惱，心想：「別吵我！」有這種情況

35 摘自 Stephen Batchlor 譯，《入菩薩行論》，寂天菩薩著。（達蘭薩拉，印度：西藏文物與文獻圖書館，1979），193.

時，我們應該要敞開並且包容。如果我們可以對一切都開放，會覺受到一些非常不同的狀況。

我們心的狀態確實能夠造使情況改觀。當心中有著意願、敞開度以及激勵感，並且覺得滿足又快樂的時候，就連我們在靜坐中經驗到的一些奇怪聲音也變得悅耳。甚至有科學研究顯示，你對某個現象的體驗如何，取決於你以如何的精神態度面對它。因此你的感覺、體驗、情緒、念頭——平時認為不利於正式禪修的一些事情——要全部都被允許涵括進來，要朝向一切開啟。同時，這種開放具有一種真正歇息的本質。

我們可能擔憂，如果讓一切都進來，將不是禪修了，它將只是個尋常經歷罷了。但平常我們經歷這些事情的時候，並非處在一個敞開狀態。針對這個問題，去大自然中練習靜坐，是一個對治方法。當我們去到海邊、山上，或某個美麗瀑布的旁邊，在那個環境中，我們敞開，那時我們所經驗到的一切——內在與外在——都是寬敞而和諧的。這就像擁有一個很大的開放空間來展示我們的家具，我們讓內在與外在環境更寬闊地開啟，因此它們可以連結並且融合——我們不帶抗拒地向它們敞開。

我們可能自認為對某些事情相當開放，然而卻不對其他事物敞開；有時候當我們試著修習悲心的時候，可能對某些特定眾生敞開了，但並不想對所有人都敞開。在敞心禪修當中，我們確實不該抓著那個緊張、那種偏歧，應儘管把心打開，容納一切。體驗到那樣的敞開，會帶來很棒的啟發，它本身還帶著一種不可思議的特別感受與專注。因此不論你覺受到什麼——美好的或是不愉快的——都只要試著保持開放。

通常我們會把我們的體驗貼上「好」或「壞」的標籤。敞開的禪修意味著平等無偏地體驗每一件事物，不帶太多批判。不用做那些費力的工作，試著只要保持自由與洞開即可。

◇菩提心——悲心與慈心

敞開的心帶來無量平等捨，取代了攀緣與我執（來自自我與其習性的一種執著）。歇息在這種敞開經驗之中的是本心（**心性**或**覺醒狀態**等的同義詞），它具有慈心以及悲心。你可以藉著某種所緣去激發菩提心，但那不是必須的。到了這個階段，你不需要真正連結到任何所緣，把內在與外在的糾結敞開，就是所緣、就是目標。一切事物，包括聲音、影象、感受、不論什麼，都是徹底敞開、連結、整合的。不要緊抓著內（我自己）與外（別人）之間的界線，相反地，要把無量平等捨帶到通常存在於我們自己與他人之間的自我執著。

當敞開帶我們去對終極觀點（從大圓滿的觀點——第七種禪修之主題）做禪修的時候，它的背後是利益自己與他人之祈願。我們更加安住正念，並且連結著慈與悲的品質，因此這個敞開是培養愛與慈悲的一個超強環境。

有時候，當我們的心變得非常專注而精細時，需要與智慧以及澄澈連結，那是慈與悲的本質。慈悲態度與意樂，帶我們去到一種能夠擁抱一切眾生的敞開，沒有任何設限。詩人魯米（Rumi）對於如何實現這件事情的建議是：「你的任務不是去尋找愛，只是去尋覓並找出你在自己內裡構築起來、與愛抗衡之障礙。」

◇希望與恐懼

當我們困在思惟事情「應該如此」或「不該如此」時，敞心禪修有時會有幫助。我們對某方面有所期待，在另一些方面想要避開某些事情，因此有了期望與恐懼。當我們仔細觀察，並且自問：這樣是在滋養心性嗎？答案非常明確——事實不然。那為什麼這會發生呢？又是習性使然——我們已經習以為常。我們可能以為這很自然，或許我們生而具有。但是佛法與佛陀教誨的心性觀告訴我們：沒有任何人帶著這種希望與恐懼出生。我們都生而具有的，是心靈以及空闊的本質。

因此，藉著敞心禪修，我們盡可放鬆地和這些希望與恐懼的念頭共處，歡迎它們。或許敞開心並不會把它們完全帶走，或許念頭和看法仍會來臨，叨唸著「這不應該如此」或

「這個應該……」，但是讓它們來吧！那只是個看法。所謂敞開的心是「讓它來」，而不是擺出兩種不同的面孔——其一在微笑，另一個皺著眉頭。因此，不要有那種焦慮態度，此處基本上有的是平等捨心，真實去感受心、意念與思惟中到底正在進行什麼，然後帶著耐心隨順那個時刻、那個空間，完整地感受它。

◇耐性與開放的心

敞開與耐性極為相關。無論出現什麼狀況，你應該臨在當下，不要被內在與外在事件所凌駕。巴楚仁波切（十九世紀東藏 Kham 地區一位著名的大圓滿大師）說：直到你遇到麻煩，否則你其實從未認真掌握耐性。你可能以為自己有耐性，但是當問題來臨時，才明白你實際上能有多耐煩呢！

試想你在塞車時刻開著車，那時的心非常容易被打亂；回想你忽然被某人打斷或是犯下某項錯誤的時刻，那是你可以練習耐性的時機。因此敞開不只用在輕鬆的處境。不論有什麼狀況生起，敞開都應該是等同的，因此你可以臨在當下，不被那些狀況接管，你的心可以保持平靜不受打擾。我們稱那個為**開放的心**。

當然，在座上禪修時，我們比較容易把心敞開。在這裡我們是安全的，並沒有在開車或是從事任何吃力的工作，所以沒有任何理由需要擔憂，而不讓心徹底自由與放鬆。這是一個感受心與意深度的好時機，也可以讓我們問問自己：這一種心，我們是否能夠經常地運用在日常生活當中？一點一滴地，我們可以從這裡取出一些激勵與能量，最終導向在行動中和日常活動裡的敞開。

但假如我們因著在座上的體驗，就以為自己已完全瞭解開放的心，這個態度可能會阻礙我們進步。確實這種禪修對於我們的心、對於歇下頭腦與身體，以及讓肌肉鬆弛，都有極大助益。但此處我談論敞開是為了更宏大的效益，無論就能量或是日常生活而言皆然。從這個觀點，這種靜坐並不只關乎「坐」，應當把這整個框架與能量帶進日常活動之中。

◇靜坐實修指南

一個人的心靈就像太陽，它天然具有認知與燦爛的本質。它顯示出巨大的開放空間，那是一個人自心的智慧，也是這寬敞視野中的澄澈；在那裡面，是溫暖，是悲心。悲心是根本，一切眾生經由它得以存續。它創造了和諧，供應了能量，使萬物存活與溫暖；出現於我們本覺中的明性，是慈悲的核心。心要敞開不須花費任何力氣——只要臨在當下，將會承允它自然地發生。

有時候，甚至當我們在禪堂中與其他禪修者一起靜坐時，我們的心可能仍然忙著參與各項事務，而且仍然有著期待、恐懼與焦慮。這是一個把它拋開的大好時機，試著釋放並且真正開啟。如果我們不嘗試敞開，那些能量的病徵或精神的緊張將不會離開，無論我們是在室內還是室外，在工作或是在休閒——我們去到哪裡，它們就跟到哪裡。

確實沒有任何辦法可以逃脫。其實，那兒有的只是我們的自心與它的顯相——習性——而已，別無他者。我們只需要讓心保持現狀，找到我們本然裡面真正放鬆的天性，此後對於這些處境，再也沒有那麼多的焦慮與恐懼。若我們能稍微體會一點敞開，觀見自心與念頭的本性，那確實很有幫助。

你的眼睛可以張開或是閉上。如果你決定張眼，把目光落在面前的某個物件上面，只要讓它休息在一個中間點——介於眼睛與物件之間的空間——即可，靠近那物件，但不直接停在它上面。視線不要太上揚或是太下垂，直直向前看，這樣會幫助你保持清醒，帶著不太掉舉也不沉沒或昏沉的能量。

一座剛開始的時候，唱誦**嗡**、**啊**、**吽**三個音節。**嗡**代表身，它的能量中心或稱咒輪，位於頭部；**啊**代表語，它的咒輪在喉嚨裡；**吽**代表心意，它的能量中心位於胸部的中央。

一個開放的心包括身、語、心，開放的身、語、心表示是鬆弛的。它們全都放鬆了，沒有緊繃，它們之間也沒有任何藩籬或是交界——我們真正自由了。感受那身、語、心在一起的整體感——完全地專注與一個人本然的完滿。感受那個，然後深入觀察看看感覺如何。唱誦這些音節的時候，我們與各該能量的位置及部位連結，然後受到激勵，進入禪修。其後它們似乎完全不是分離的了。

☆修行重點提示

- 試著把一切事物作為禪修的助緣，然後整體環境和所有眾生都成為禪修與禪修能量的一部分，去感受那裡並沒有區隔。
- 這一次，不管你看見什麼、聽見什麼、覺受到什麼，就讓它成為一個敞開的體驗。
- 自在地與敞開共處。
- 在內在與外在之間不要保留一個界線，同時感受它們二者。「好」或「壞」或「不確定」，都沒有關係。
- 不要做任何評判，向所有一切敞開。
- 確認你的身體是自在的——向休憩開啟。讓自己敞開，體驗安歇的心。
- 敞開並且放鬆。

＊問與答＊

問：您談到把敞開帶進日常活動。我在家裡禪坐時，或許有能力敞開自己，但我無法瞭解這種敞開如何幫助我的日常生活，尤其在工作上。職場可能非常競爭，如果我總是敞開又隨和，遇到人際挑戰的時候，我將沒有能力防衛自己，而那又是經常遇到的。

答：敞開並不意味著放棄掉所有對他人的權力或是你的自主權。然而你以一個「朝向整個宇宙」的較大方式敞開，目的是：遇到狀況時，你可以正向地和別人共同處理問題。換句話說，你應該以一個開放的心靈面對事情，那會給你一個更寬、更開闊的環境，使你感受到的恐懼更少，同時也有更大的專注。

問：我在工作時，如果我的一位員工挑戰我所做的決定，我該如何以一個開放方式因應，使衝突不致旋轉升高而失控？

答：在這種狀況，你仍然可用放鬆方式敞開你的心，不帶任何的壓力或是敵意面對那個人。你會發現，你的放鬆能量也將影響到對方，讓他或她比較平靜。面對狀況時，如果你以這種方式處理，即使你不見得能夠永遠獲勝，但你嚐受到的壓力仍然會是比較少的。此乃敞開的力量。

問：要我釋放自我珍惜非常困難，因為我在過去如此經常地受到別人的傷害。我該如何拋除這種保護與防衛自己的習性呢？

答：這個問題與日常生活更為相關，不只是針對禪修。有許多修行方法可以用上。有一種藏傳佛教的修心法門，叫做自他相換——「把自己與他人交換」。基本上你所做的，是把別人所有的負能量與困難藉著吸氣吸進來，然後把幸福與正能量吐氣送給他們。這樣做一段長時間之後，在某個時刻，你會體受到一種更不偏頗、更平等的視野，那時你自己和別人有著更為平等的價值。你那自我珍惜、自我執著的習性將會削減，並且你會很自然地、真心誠意對待自己與他人。

第六種靜坐：淨心禪修

- 花一點時間生起菩提願心。
- 感受身體、語言以及心的安歇，不帶任何批判與擔憂。
- 以正向角度觀察事物，敞開的能量會將我們導向淨觀。
- 透過轉化與淨化，敞開心，自然而純淨地感知事物的本來面目，抵達淨觀。

◇純淨與證悟天性般的體驗

如今我們已學習了一些敞心禪修，它把我們的內在與外在世界交互連結，不留任何區隔、任何界線。這給我們一個空闊的覺受，在那兒，我們的感知與連結是洞開的，因為我們的心不強加任何參考點或是極限之框架。在敞心禪修中，所有我們感知的外相——內在與外在——都成為一個支撐，而非干擾。如同帝諾巴大師對他的學生那諾巴所說：「孩子，不是顯相（appearances）困住了你，而是你對顯相的執著困住了你。切斷你的貪執吧。」[36]

淨心禪修與敞心禪修類似，但這時我們更加敞開，持續超越，直到創造一個二元間和諧無偏歧的平衡。有時當真正深入觀察我們的本性與自心，感受到這種巨大的自然連結——所有一切似乎都屬同一狀態——的那種時刻，我們會感覺到心和整體已擴展到不可思議的廣闊程度。

淨觀替我們的內境與外境帶來殊勝而祕密的（從我們那被制約的、慣性模式觀察事物的觀點，視之為「祕密的」）意涵：即使當「負面」事件生起時，也會發生一個轉化。

36 引用於 Adam Pearcey 編 A Compendium of Quotation，第6版.（Lotsawa School, 2008), 92. www.lotsawahouse.org.）。

轉化是金剛乘的心要。若不視之為威脅，生起的事相會自由地解放。這樣會創造一個擴張感，在那個當下，我們的心靈把所有一切都攬括進來。坦白說，我們心靈的天性非常純淨也非常澄澈，並且廣闊到我們可以稱為真正的無垠無涯。

然而，要隨時保持那個狀態，並不是那麼容易。在淨心禪修中，我們的目標是：越來越能感受那非結構性、非造作之心的純淨本性，其成果則是得到面對二元時的平衡觀點。但是把限制加諸於我們的覺受上的，正是我們自己。

由於習性使然，我們通常是偏頗的，固持著二元性，例如：主體與客體、好的和壞的、我相對應於你（或他們）、我的世界對應外在世界、是對應非……等。這種偏歧導致我們無止盡地為事物貼上標籤。但如果仔細觀察，會發現大抵是沒有必要的，而且完全沒有用處。這些障礙住一個開放而純淨之覺觀的執念，可能精細也可能粗猛；甚至當狀況愉快，並且我們的禪修進展順利的時候，仍然可能抓著局限住我們視野的微細恐懼。如果我們仔細觀察，或許會看出這樣的恐懼並不實有——它們沒有真正的施設處（basis）。

這些恐懼來自我們過往的生命經驗。我們從父母、師長、朋友們那兒接收過各種警告，它們已經變成習慣。我們擔心一些事情，例如：這個人是否真誠？他語言和行動的背後是否暗藏其他居心？在一個更細微的層次，我們可能在很早以前，例如孩童時期，就已養成對於權力高過我們的人的恐懼。成年後的我們，可能藏匿著這種對權威人士的畏懼，甚至毫不自覺。這一類的概念，雖然並不怎麼管用，卻會進入我們的靈修道路與過程；如果任由它發生，表示我們並沒有真正善用我們的聰慧與智力。

此時應該採取的智慧之舉，是問問我們自己：「為什麼我花時間牢牢抓住恐懼以及不純淨的感知呢？」我們觀察事相最好保持其天然色彩，而不要以恐懼或對事物的心理投射，去渲染它們的色調。那位「疑似不真誠者」或「權威人士」只不過是另一位和你一樣的個體，他也追求快樂，並且——誰知道呢？——或許還是一位可以成為知交的人選呢！

為了觀察清楚，有必要向內心探索，找出我們抓住這些恐懼與焦慮的緣由，然後經由訓練，把它們減輕。如果我們能夠放鬆，並且直接向這類生起的事相敞開，一切都會改變，那些假象色彩開始褪色，我們會純淨地見到法。要把恐懼與焦慮徹底清除並不容易，但終究我們會到達一個更精細的層次，而一個徹底的轉化終將發生。把宏願留存心中，耐心慢慢地前行，最終將會與我們的目標相逢。

我們最需要的是信任——信任我們的心有能力可以修成這種真正深刻的連結。我們所找尋的純淨，在本質上並無「淨」與「不淨」之對立。如果那兩個極端在我們心中生起，要放鬆地與二者皆能共處，而不是希求並試圖抓住「淨」，然而懼怕又試圖推阻「不淨」。

放輕鬆，讓那個二元性、那個標籤沉靜下來；然後我們會發現一個新的覺受——一種**天然**的純淨從釋放了二元化兩極之中生起。

以靜心禪修，我們平靜下來，放鬆，對於能取與所取、好和壞都順其自然——壓力離開了。

這一種放鬆會把自由帶進我們的內心世界與日常生活，從忙不迭地處理二元性以及標籤當中，釋放出來。我們心中不再擠滿這些由念頭製造出來的焦慮，更加放鬆與自由。在美國或是台灣這些國家，都非常重視自由，而且擁有許多的自由。但是即便如此，有時我們卻不允許自己有太多的內在自由——心的自由。我們沒有脫離輪迴中的煩惱念頭以及情緒，跟隨著二元化習性，經常做一些並不真正想做的事情，遲早——出於非自願地——我們會被拘禁。通常我們甚至對它無所覺知；也或許只是誤察了實相，經由習性渲染了我們的覺受。這也是某種形式的奴役。

但是當那個壓力被移走時——我們與二元化顯相輕鬆相處，抓到自己正在投射，於是把這個投射釋放。轉化於焉發生，和諧取代了喧嚷，我們開始純淨地感知事物——如同它們的真實狀況。這裡的關鍵是：淨心不受念頭**綁縛**，對念頭不再有二元化固著。當你禪修時，念頭會自然生起，然後它們可能逮住你——你可能再度開始釘牢它們。當然，在那個時刻，我們要試著與它們一起放鬆，不去試圖消滅它們。與念頭輕鬆相處——我們已一再提及——是禪修的中心原則。只是現在我們開始在一個更精細的層次禪修——我們的心已稍微更精煉了些。

如果只顧與自己的心抗爭，一股腦地做著批判（「做這個」、「不許做那個」……等），只會使得我們疲憊——我們不是真正在休息。禪修的整體概念是給所有的一切——身、心、神經系統——一個安歇的機會，讓它們平順地交互連結。這會給我們一些能量。而這能量會賦予我們覺受淨觀的力量，那會帶來快樂。當我們感覺更專注的時候，確實覺得更快樂，感覺好像我們的整體在同一空間。所有的一切——身體、語言和心靈或精神——全都同在和諧與良好的放鬆狀態下，時間與空間皆變得廣闊，受到的限制減少了。

因此，如同在所有靜坐中一樣，我們與念頭輕鬆相處。但這一種禪修的特點在於——由於我們在一個非常敏銳、精細、敏感的狀態——我們純淨地感知著念頭，可以**在它們生起時**覺察到它們的淨相，從忍不住去分辨某些念頭是好的、另一些念頭是壞的（或是其他的二元化兩極，例如主與客、自與他……等）的誘惑中解脫。在這個意識層次，我們自然而然是警醒的，意識知覺[37]非常迅捷，會自然捕捉到二元化思惟之生起。如此，這些思惟將無法箝制我們，讓我們從那禁錮並制約我們成為輪迴眾生的習性當中，解脫出來。

主、客[38]之間的和諧融合也會帶來樂趣與信心。我們困在這種二元性的圈套上這麼久，如今掙脫了它，發現自己並不需要排除這些彼此衝突的念頭。藉著深深地放鬆，我們有能力在體證的層次把此狀況轉化。隨著繼續修行，我們得到信心，不論發生什麼事，都可以與其連結，並將之轉化。

◇這種修行的成果

這一種純淨也含有慈與悲的品質——菩提心的品質。當我們在淨心禪修中放鬆，並將能量與祝福向外在世界散發時，這種純淨品質與純粹的臨在，就像一個禮物。這些善願是種籽，你可以確定它們會成長，並產生正面貢獻。而這淨觀的和諧合體會有一種正向品質，可以轉化我們與整個外在世界的關係。舉例來說，當我們更正向地觀察另外一個人，這很

37 譯者註：原文 mental perception，譯作「意現量」或「意識知覺」。佛教量學理論中，知覺分為「量知覺」與「非量知覺」二種。意現量屬於量知覺的一種。

38 譯者註：原文 subject 與 object，或譯「能知」與「所知」，或「有境」與「對境」。

有威力，而且很滋養——對於自己與他人兩方面皆然。以這種純淨方式觀察，是我們能夠給予世界的另外一個禮物。

從這種修行，我們得到內在、外在雙方面的益處。例如，我有一個學生，他住的公寓牆壁很薄。而他的日常作息是經常熬夜，很晚才睡。偏偏他的隔壁鄰居總是很早起床，並且還會沖個熱水澡，那聲音很容易傳到我學生的房間。他跑來對我抱怨說，那個噪音對他的打擾太大，因此他考慮搬家。我建議他敞開心胸，帶一點彈性來面對隔鄰的淋浴聲，甚至採取一個正面的態度因應。而且，因為他已經對鄰居產生惱怒，我建議他把自己放進鄰居的鞋子裡，體會對方的感受。或許鄰居需要早起只是因為她開始工作的時間很早，或是必須跑到很遠的地方去工作……等。我學生接受了這個建議，並得以把他的覺受整體翻轉。藉著放鬆他的抗拒，敞開迎向隔壁公寓傳來的噪音，他淨化了對於自己投射其上之偏見的感知，不再覺得自己必須搬到另外一間公寓去。

◇藏傳佛教的淨心傳統

如果你曾經學習藏傳佛教，你可能已經接觸過淨想的概念（又稱**聖觀**或**淨觀**）。在它正式的儀軌中，學習起來可是非常複雜的。入於其中可以學習到許多許多，但同時也存在著危機。若以一個做學問的方式趨入，你可能需要花費許多年的時間鑽研淨觀的邏輯與修法，其結果只是導致你喪失了興趣。當你的心與對它的感動確實成熟而且綻放時，直接跳進去修行可能比較好。如果你覺得這條道路對你可行，那麼現在就是把你的心與它連結的時機，不必要等到你能夠掌握它所有的細微處才開始練習。把握這個機會去體受它，並且實證。

如果你有機會兩者都做，那很好；而且如果你已經學習並且修習淨觀數十年，這種靜坐仍然適合你，它或許能夠幫助你放鬆，加深你的感知。你可依照自己的程度修習這種禪修，不論你目前到了哪個層次。如果已經走過前五種靜坐，得到了一些覺受，這第六種禪修將會對你有一些助益，畢竟你已不再是初學的人了。

◇一杯水的比喻

有一個著名的杯水譬喻是這樣說的：有一個裝了半杯水的玻璃杯，它是半滿呢，還是半空？就這個對境——這杯水——而言，問題的答案是何者，並不造成任何的差別；但是，若以正向角度觀察事物，將承允澄明、通透的連結，把行者導向更敞開以及淨覺。

心有導出正向性的力量，宣稱：「且讓我們敞開吧！」從那個肯定中得到的能量，會把我們導向淨觀。這當中含有非常深的教示。在西藏，夜晚的屋內有時非常寒冷，霧氣凝結的窗戶到天明時結晶出的圖案，會因著屋裡住著的人而有所差異。這一些圖案，是人類心靈能量的一種投射——正向的、負向的、恐懼的、放鬆的……等。甚至有一些科學研究曾經探討人類心靈對於物質現象的影響[39]。

佛陀曾談過，我們如何用兩種不同方式去觀察同一對境。當我們心情愉悅的時候，心比較純淨而開放，不論身邊圍繞著什麼，看起來都具有啟發性，而且容易以正向方式去連結。但如果當天過得不太好，遭遇了一些困難的處境，那麼即使在最棒的餐廳中享用最精緻的美食，吃起來也覺得淡而無味。這完全不是食物的味道本身有何問題，是心的負向性改變了一切。我們的覺受被內在心態染上色彩，而那會放射到外在環境，造成心理甚至生理上出現改變。

當我們有這一些「我不喜歡它！」的時刻，主要是表示，我們並沒有去做任何改善它的努力。與其抗拒或是不歡喜那個處境，不如試著以一個較純淨、放鬆的方式，觀察你的

39 日本的江本勝先生所做關於正向思惟對於水（分子以及結晶）之影響的研究顯示，當人正向思考水的時候，水會結出美麗的圖案。此外，美國普林斯頓大學退休教授簡姆博士（Dr. Robert G. Jahn）曾以實驗演示，單靠人類的思惟，可以影響到設備裝置，例如微電子儀器等。

念頭。我們可以轉化這些時刻成為寧靜、開放與快樂，結果會產生巨大的能量、影響，以及自他都能享受到的利益。

我們決定對事情採取正向觀點時（如前例，玻璃杯裡裝的是半滿的水），心會流動，並且更能夠接收到當時處境中的能量。其結果可能是使得我們與事物的連結更加清澈、通透，承允了更大的敞開與純淨。這裡說的正向性，不是向一邊的偏倚或是一個作意。它是敞開的一種形式，讓我們與淨心的天然正向性連結。

◇靜坐是為了平衡這顆心

回想一下佛陀對於琴弦調音所做的建議——不要太緊，也不要太鬆。這同樣適用於二元化的兩極，例如：主體與客體，好的和壞的。淨心意味著在中間點取得平衡，問題的兩邊是平等的，那兒不存在著偏倚。

因此，靜坐中，我們不需要努力過度。不論內在與外在環境如何，所有我們需要做的，只是允許心洞開。無論體受到什麼，在當下找到一個和諧的平衡點，那實際上比我們追求一者或嘗試避開另一者——攀執或是推開——更為寧靜。如果在靜坐中我們依循原本那個習慣，無異於正在「執行一個計畫」，比較像是我們日常生活中的一般處境。不要陷入那種模式。另外一種解釋是，靜坐時不要有一個目標或是標的。你甚至可以稱之為「一種沒有目標的計畫」，只要允許你自己去體受當下，這樣比追逐某個目標還更重要。

成就這個的關鍵是信任自己的本性——淨心與淨觀是你生而具有的，對此要有信心。帶著耐性與放鬆練習禪修，你找尋的平衡與和諧會自然顯現，它本來就在那裡。靠著放鬆與臨在當下，它自然地揭露出來。當我們在二元之間找到這種平衡與和諧，會領悟，原來我們無需搜尋或是動作，只要深深沉浸其中，觀察、歇息。從體驗上，我們現在瞭解，並不需要跳到另外一個地方才能住於淨心。知道自己弄清楚了這個，帶給我們很大的信心與啟發。輕柔地欣悅於這個心的精細與寂止當中，享受這個比較不散亂的心，這就是我說的**激勵**。

採取一個正向而放鬆的態度。假如二元思惟出現，例如：「我做這個禪修的方式是正確的嗎……還是錯誤的？」你知道如何輕鬆地與兩極共處，敞開，使它成為靜坐的一部分，並在它的自然純淨中觀察它。這種淨心禪修的深度放鬆覺受，將會使你有能力從生起的念頭與情緒中解套出來。

如果觀察自己慣常的思惟，我們的念頭中有多少是真正重要而必要的呢？如果二十個念頭生起，或許其中有一個可能有點重要性，其他的十九個，可能不過就是心在這兒那兒四處遊蕩罷了。只要放掉這十九個無用的念頭，可以節省我們身心很大一部分的能量。

在日常生活的世界裡，我們確實需要做出許多決定。為了確保行車安全，我們得知道如何對紅、綠、黃等交通號誌燈做出反應。但由於這類習性使然，類似的「訊號」即使在靜坐的時候也會在我們心中亮起。這時的它們純粹只是閒岔，絲毫不相干，也完全不重要。我們在打坐墊上安全坐著，此時此刻，沒有必要回應輪迴世間的種種挑戰。

如果我們在靜坐中努力過度，有點像是把太多的鳥兒擠在一個籠子裡，穿梭、旋繞、擠身於紛擾的焦慮中，你或許偶然瞥見外面的世界，卻得不到真正飛向那兒的自由。我們所需要的是，經由徹底敞開來擺脫籠子的拘禁。當我們那樣做的時候，會立刻感到寧靜與放鬆。然後，當自由與敞開的靜坐中出現了縫隙，情況變得不是那樣澄澈，任運流動的禪修開始混雜著念頭時，少做一些，讓心歇止下來。假以時日，你的禪修將會更加恆續地流動。

心真正的天性是未經造作的——不夾雜著分別思惟、念頭與憂慮。當我們信賴這種天性的時候，無需任何類型的人為操作，我們就能體驗到它的純淨與廣闊。鬆鬆地歇息於這種方式，有時一個轉化忽然就來了。隨著我們以這種方式禪修得越多，總體來說，修行只不過是在這種狀態中保持得越來越久，變得習慣於此。念頭可能出現，也可能不出現——

都不是問題。

偶爾你可能發現，不經意間，心已經對靜坐用力過度。你可能靜靜坐在那裡，但是心躲在幕後悄悄自行比畫著。這仍然是那顆忙碌的心，做著一些不需要努力的事情。當你注意到這個現象時，放鬆並且重新與你心之純淨連結。我們仍然看見並覺受到念頭，並不需要把一切徹底關閉，諭令自己：「不准思考。」不是這樣的。只要心不是過度參與，即使帶著分別，它仍然可以是純淨的。對它們保持放鬆與不在意，與當時的處境寧靜相處，純淨會自行重現。

另一種我們可用以進入淨心禪修的途徑，是以止修或前面學過的某種禪修作為開始，使心專注與安住。例如，當我們練習止修，與禪修的所緣成為一種統合的連結；接著我們要放鬆到超越這種「以所緣為主」的方法，只是把心敞開、敞開、再敞開，直到我們體驗到它那無垠的純淨。

◇靜坐實修指南

我們應該記住靜坐時要與身、語、心同在，三者都該是平靜、放鬆的，同時歇息在一起。有時心可能非常平靜與澄澈，但假如身體緊繃、肌肉沒有放鬆休息，則心很容易變得疲憊，而被身體的疼痛與痛苦拖跑了。因此，在靜坐時，我們需要把身體放鬆。這同樣適用於靜坐中的語。例如，當我們在群體中靜坐的時候，可能無法用口語交談，但是心裡可能在閒扯，或許想像我們正在與朋友聊天吧。既然在日常生活中，我們談話的場合非常多，而且沒有太多機會保持安靜——試著放輕鬆並享受一段靜謐時光吧。

如果一座的時間顯得有點太長，一個好方法是：用振作起精神的方法，把它切割成幾個小片段。在靜坐中，你可能自然任運地流動；但是當時間繼續往下走，你可能跌入一個白日夢，並開始打盹。所以偶爾要停頓一下，調整一下坐姿、眨眨你的眼睛、動一動你的肩膀……等。

如果你覺受到恐懼、痛苦或愉快，不論是什麼，請保持耐性，等待，直到它的真實本性顯現。藉著放鬆而不以任何一種方式抓住這個覺受，不去安上「好」或「壞」的名號，這個覺受會被轉化與淨化，你將會抵達事相底下隱藏的淨觀。在那之後的訓練，就只是歇息在這個開放、純淨、不帶批判的狀態中而已。你並不是在做什麼或是努力些什麼，只是與你的淨心連結。

☆修行重點提示

- 花一點時間生起菩提願心。
- 不論你看到什麼，不論你感覺到什麼——覺受全部。感受那自由的心。
- 感受身體、語言，以及心的安歇。
- 試著放鬆你的心。
- 敞開你的心，自然而純淨地感知事物——如同它們的本來面目。
- 當念頭生起時，不要分別，不帶偏頗地體受所有的念頭。
- 讓你的心自由而且寧靜。
- 讓你的心純淨而自由。
- 感受不帶任何念頭與擔憂的心。
- 允許覺受去純淨地感知萬法，不帶批判。
- 做幾次深長的呼吸：吐氣、吸氣，並覺受心的天性。

＊問與答＊

問：在淨觀禪修中，可以把視覺觀想用作練習的一部分嗎？

答：可以，絕對可以。例如，觀想一座很高的建築──矗立你窗前的一棟很醜的建築。看看你能否純淨而和諧地感知它。

問（續）：可以把這個房間內所有眾生都觀想成觀世音菩薩（代表慈悲的菩薩）嗎？

答：可以也不可以，看情況而定。如果你正在覺受一個徹底開放之心的淨觀，所有一切都被感知如一個單一本質──自己與他人之間沒有任何差別。在那個時刻，你會感覺這房間中的每一個人都是慈悲的觀世音菩薩。但另一方面，如果你仍在困惑中，仍然操縱著你的念頭……等，那麼你還太散亂，無法歇息在真實心性之中，並純淨地感知事物。

問：採取「玻璃杯裡裝滿半杯水」這樣的態度，是不是類似於我們對自己精神喊話？這樣做，是不是當我們開始靜坐時，讓自己走上正確軌道的方法？

答：是的。成就一個正面或是負面的成果，有時取決於我們初始的心態。如果某個人在某一次因為看到了蛇而受到驚嚇，那人可能開始會走到任何地方都看到蛇，把繩子、藤蔓或小棒子等都誤認為是蛇。相反地，如果採取一個比較正面的態度，我們的行動和覺受同樣的都會比較正向。

問：雖然您建議短時間靜坐，然而能在正式禪坐中保持一段長時間，難道不是我們的長期目標嗎？

答：短時間靜坐最基本的理由，是鼓勵靜坐者能夠多次練習。如果你初期的靜坐次數多而時間短，你不會感覺不堪負荷——這是假如你一開始就長時靜坐很容易發生的事。最後你終究會變得對於長時間靜坐很自在，到那時，你可以隨著你的意願盡量延長。

問：我希望瞭解第五種靜坐（敞心禪修）與第六種靜坐（淨心禪修）中，關於面對念頭之方法上的差別。我聽到「和諧的平衡」這樣的字眼，但也聽到「轉化進入此經驗」的字眼，能否請您再做一些解釋，使我能夠更加明瞭？

答：敞心禪修植基於不偏頗的觀察，我們不抓住「喜歡」或「不喜歡」的偏好，分別它是「好的」或是「壞的」，嘗試以一個放鬆、寧靜的方式敞開我們的心，故得以從一個比較寬廣的角度觀察事相，不黏著於攀執或是我執上面。從這個觀點，你可以時時刻刻體會心的「和諧的平衡」。這樣的修習途徑可以幫助我們，減少心中的期待與恐懼。

淨心禪修意思是，所有顯現的面向，例如愉快與痛苦，都被理解成一個人自己心性的投射，那是源於自身的、心性的俱生智慧，本初即是純淨的。平常的時候，我們的思考心偏好停留在表層自我。當我們有能力把心休憩在這個較深層次時，可以看見我們的環境以及一切眾生的純淨。熟悉這種淨心禪修的靜坐方法之後，會承允我們的心看見事物的真實面貌，而非以我們的慣性模式去界別它們。那就是轉化進入了覺受。

第七種靜坐：離念禪修

- 不要介入或過於重視念頭，不要閃躲念頭，讓它們保持原狀。
- 把事情攪亂的，是我們對念頭與情緒的反應。允許念頭生起，並與之共處無礙。
- 不要捲入過去或是未來，不要跟隨念頭，只要臨在並保持自由。
- 感受自己的真實本性——我是誰，並珍賞那未受打擾之心的寧靜與舒適本質。

離念禪修是進入佐欽（Dzogchen）——大圓滿——的一個引導。我相信許多人聽過這種藏傳佛教的禪修法，它如今在西方社會已廣為人知，其重點是「讓心徹底安歇」。固然在前六種靜坐中我們也都盡可能歇息，但此處這種禪修的精要是：無論心識或根識中有任何顯現，都儘管敞開地安歇其上，沒有任何的固著，也不專注於任何所緣。雖然前六種靜坐的每一種，本身也是既重要又很管用，但它們全部到達絕頂於這第七種靜坐——離念禪修。

從某種意義來說，第一到第四種靜坐是為了把這顆心安頓下來，目的是發展一個安靜而單純的外貌。但是在靜下這顆忙碌之心的過程中，為了發展出我們所希求的安靜與專注，我們可能落入一個細微的對話，由心告訴心去「做這個」和「不要做那個」。確實一些內部的糾察[40]是必要的，即使間或可能製造出更多念頭，而不是減少。我們的心有時聽話又合作，有時卻並不。但只要保持耐性，假以時日，我們將變得越來越放鬆與專注。然而，在這第七種靜坐中，我們讓自己甚至連上述過程也免除。這個自由與開放是最終的成果——心不做任何事情，徹底自由。

40 譯者註：佛教經論中將這種內部糾察稱為「正知」。

離念禪修把我們連結到終極的超覺智慧——本初純淨的終極智慧、脫時覺知[41]（藏文為rigpa）。對於學習而來的知識與智慧，我們比較熟悉，那是經由某種教育過程、隨著時間發展出來的東西——是後天得到的。但是另有一種天然的智慧，那是心的真實本性。我們先前談過這個，而現在它成為主要的焦點，這是最極深刻的智慧。大圓滿禪修把我們連結到這個更深的層次——一個人本智的深度，沒有干擾或造作，心被允許安歇在一個人本智的天然狀態之中。

離念禪修或可看作所有禪修之中最單純而容易做的；但是從另一方面看，它是困難的。說它簡單，因為我們所需做的只是去觀察念頭、情緒與感知——無論向我們顯現的是什麼——但無需介入它們。我們完全洞開，沒有任何邊界，拋下所有的藩籬，讓一切都進來。只是因為我們並不習慣於這樣做，它才變得困難又複雜。我們的習性拚命朝相反的方向奔馳；我們早已習慣於介入事情，做個不停。

這種禪修有時稱為**非禪修**。為什麼呢？人們通常認為，在靜坐中你必須抓住某個所緣。並且，即使你的目標是**無為**，你仍然可能相信，要讓它發生必須得做點什麼——做點接受

41 譯者註：原文timeless awareness，指永恆的、超越了時間、不受時間影響的覺知。

或是允許的動作之類。但此處我們連那個也不涉及。因此心徹底自由而開放，一個人完全遠離焦慮，也完全從分別念中抽離。就讓它自由——覺受完全自由。這種大自由——如果它生起，讓它生起；如果它不生起，就讓它**那樣**。

達到無為可能是個挑戰，你也可以稱之為一種冒險。我認為接受這個挑戰非常值得，因為，我們從中得出的簡單，乃忙碌生活中壓力與焦慮的最理想對治——讓我們如此投入且工作過度的繁忙，使得我們抽不出時間、空間去瞭解自己，體會我們的感受。生活中帶著這一切的複雜度，我們並不能真正瞭解所謂個人存在的真相：什麼是我們的心性，而又是誰在體驗我們所有的念頭與感受呢？

許多人喜歡這種修行的原因之一，是因為，我們的精神活動是那麼紛擾又累人——精神、情緒與體能上做著許多的事情，讓我們精疲力竭。我們花費了自己大部分的時間去強制操控事情：「思考這個」、「說這個」、「不要做那個」！名副其實的**無止無休、不得安寧**。這就是我們的日常業務，我們生活中的精神底蘊——掌控與操縱一切。而且我們把事情全都看得非常嚴重。靠著大圓滿禪修，我們可以從中解脫。心減速下來，自然地流動。我們更加安歇。

◇放心自由

心離念的體驗把我們帶向真正的自由。平常的時候，許許多多各類的念頭充斥在我們心中，也形塑出我們的每一天——這是一個「好日子」、「壞日子」、「普普通通的日子」……等。通常這些評斷駐留在我們的心與意當中，但實際上，我們沒有必要去評斷或認同我們的念頭與情緒，容它是好、是壞，或是不好不壞。

我們把心從什麼當中解放呢？其一是，我們可以從對於自心的恆時操控中解脫出來，不再指揮心去做什麼或不做什麼；並且我們可以從對於自己的念頭與情緒的批判中解脫。隨著觀察自己的心，我們也會發現念頭之間互不認同，然後從這些爭議中，甚至又製造出更多念頭。這樣會導向躁動、焦慮以及壓力。

解放我們的心來自允許念頭生起，並與之共處無礙。念頭與情緒的生起本身並不是個問題，把事情攪亂的，是我們對它們的反應。「好念頭」生起，我們欣賞它；「壞念頭」來臨，我們覺得驚嚇或不安。

讓我們再次回到先前談過的吉他調弦問題。一旦牽涉到我們的念頭、我們的心，我們總是若非太緊就是太鬆。若要找到正確的調諧——既不太緊也不太鬆——我們所需做的只是歇息。當你的心弦調諧了，你可以任運流轉，它自會「演奏」悠揚。

如果你試著操控它，你的心將會顯得粗猛，然後你會感到挫敗——像個囚犯一樣。但如果它太鬆，你將變得遲鈍而欲睡，輕易就進入白日夢，而禪修已消失無蹤。我們需要保持完全清醒，但同時不參與心中生起的事務。事情只是顯現——沒有必要阻擋它們。你可能這邊聽到一個「好」聲音，那邊聽到一個「壞」聲音，但沒有必要去加以比較，也毫無理由以一種方式（你「喜歡它」）或另一種方式（你「不喜歡它」）給予關注，我們保持開放——心敞開。心的自由意指「不帶評判去觀察」的自由。能夠做到那樣，不管我們的心識或根識中生起什麼，都將成為助伴——實際上就是能量。體受而不帶二元化概念與批判，是「離念化」的一種描述。

真正的要點是藉由「不做」與「不固著」，我們可以在心理環境的內部找到一個安歇的心，那兒念頭旋繞，但此寧靜的心並不涉入。我們需要真正敞開並且心意堅定，首先從發願開始：「我願讓它自由——在一個無所為與不造作的自然狀態之中。」一旦這樣決定了，有時你立即就會感受到自由與開放。

當然，起初可能並不容易找到並維持在那個精細調諧狀態，因此當你發現「喔，我偏到別處去了，我完全到了狀況外」的時候，不必覺得失望，那沒有關係。在那個當下，你知曉並對自己的散亂有所醒覺，是一個好徵兆。你不需要把你的經驗倒帶回去——回頭看一看自己在什麼地方迷了路，然後嘗試去「做得更好一點」。不必多此一舉。盡可利用那一刻你對自己狀況的醒覺，重新啟動靜坐中的續流，留在那個當下時刻，那比擔憂過去寶貴太多了。不要介入過去或是未來，只要留在現下，留在當下時刻，不需要做任何事情。

有時候人們會畏懼完全進入離念禪修。當我們徹底洞開，讓心中所有一切都自由展演時，可能會小心謹防將有什麼恐怖的、破壞性的事情出現。我們可能會害怕自己的人格將會失落，但如果我們讓所有的一切都生起並且走過，不帶批判、標記或是評論，就沒有什麼好害怕的。

恐懼從二元固著中生出，一旦那個張力被釋放，恐懼也將消融。這個體驗，就像沿著一條擁擠的街道往下走，途中滿是吵雜與各種正在進行的活動，我們只是個旁觀著，完全不參與，不論出現了什麼，都沒關係。然後在某一個時間點，心會變得對此覺受滿足又歡喜。事實上，在一個微細的層次，我們正在經由離念禪修，接收著能量以及關於智慧心靈的教導。

就這樣，我們可以開始感受自己的真實本性——我是誰，並珍賞那未受打擾之心的寧靜與舒適本質。這時候，我們敞開中的歇息帶來一種殊勝的深刻品質——以及激勵，那實際就是我們智慧心靈真實無造作的天性。而且一旦認識這種較深層次的寧靜，終究我們會發展出更容易進入它的技巧。然後接下來的概念就是：讓它在任何狀況都能發生——這顆心永遠是安歇的。即使處境紛擾不寧，看著它，觀察它，你的心會走向安歇。那是我們如何在這種禪修中得定的方法。植基於這種開放的心和不散亂的本體——這個非二元狀態，我們可以發展出等持以及慈心。

◇座上修

開始的時候，我們必須要放掉所有的目標與意圖，安歇下來。如果我們此時仍緊抓著那些期望，就不能算是大圓滿禪修。然後，不論現起什麼，就讓它來，順其自然，讓事情無障礙地通過，然後它們會自然消融，我們旁觀即可。即使「你」（那「觀察者」）出現了，也仍然一樣——儘管看著，隨它去。

當某些東西出現的時候，沒有必要詢問或是評論：「這是什麼？那是什麼？」假使我們那樣做，就像我們站在某個場合的接待線前端，和幾百個人一一握手——短暫的友善，但到最後，我們只是變得疲累。所以我們保持開放與寧靜，念頭等等會自行消融（此現象在大圓滿中稱為**生起即解脫**——念頭的出現就是它的解放）。我們甚至並不「去做休息這件事」。我們是醒覺的，但是不參與，安歇在無所為上面。

有時我們可能把禪修當成是一種從紛擾世界的脫逃，例如我們可能希望逃離來自環境中的喧嘩與刺耳噪音——我們只想要安靜、禪坐、不受打擾。但是以離念禪修來說，那樣也屬於一種緊張，是必須放掉的。因此不論我們眼前出現什麼，或是我們感受、思考、感知到什麼，允許它完全融入禪修，並認知在「這個」與「那個」、「你」和「我」之間，並無任何區分——沒有必要排拒或是執取。降低你對這種禪修可能有的任何期待，你在做的僅僅只是保持自由。

啟發性的大自然環境對於這種靜坐非常有利，例如置身於海邊、山上或一座花園中……等，那會幫助我們把心朝向一種廣闊的覺受開啟；它非常舒暢，並且還會讓出許多空間，使念頭得以通過。所有平時騷擾我們的念頭、感受……等，在那種空闊之中都會縮小，而且起不了作用。此外，若去到西藏、尼泊爾、印度等地，到那些大禪修者如蓮花生大士曾經修行的地區，或是世界各地曾經有瑜伽士或聖者閉關的所在，情形也將相同——甚至還會更棒。

因此，我們允許心安歇在它未經修飾的本性之中，如果去修飾它，說一些像是「我想讓這看起來稍微好一些」那類的話，就是介入了。試著「不插手」，真正的歇息，然後一切都會無礙的。那是大圓滿禪修。

在一座剛開始的時候，如果許多念頭紛紛生起，你仍然可以用先前所學的各種靜坐來穩住這顆心——「沒問題了，我現在安住了」。一旦你走上主要幹道，接下來你可以放輕鬆——不再有轉彎。但是抵達那兒之後，接著非常重要的是，避免固著或是攀執。

我知道有時當禪修進行得非常順利，並且我們有了一些無念的放鬆時刻（且保持在一個非常醒覺又良好的狀態）時，然後有時我們會興奮起來說道：「哇！這真是太棒了！」但是那樣又帶進了我執與固著——我們又倒回頭去做點事情，抓住點東西。即使有了良好的覺受、順暢的流動，我們要試著放輕鬆，好或壞沒有關係。不論你覺受到什麼，試著保持最大可能的自由。《大圓滿的心性自解脫》中說：「不要修整，不要修整，不要修整你這個心。不要執取，不要執取，不要執取你這個心。修整又修整，你將攪起心的謎霧深處。而一個修整過的心，遮蔽住它自己的真實本性。」[42]

當我們的心脫離了這些期望——「這個我想要，那個我不想要」——的時候，如果感覺更平等，這是一個好的開始。到了某個階段，當然，這種平等捨心將更容易出現。接下

42 吉美林巴，《大圓滿的心性自解脫》，引用於 Adam Pearcey 編 A Compendium of Quotation，第 6 版.（Lotsawa School, 2008), 106. www.lotsawahouse.org.

來，正當你說著「來靜坐吧！」的瞬間，這種心將會自然顯現，沒什麼大不了。這是穩定修習禪坐帶來之漸進進展，一個越來越自然的過程。這就是**感受心性**的意思。

然而，當你修習這種靜坐時，很重要的是，避免把一座與另外一座相比較。試著不要製作記錄片——「我修大圓滿禪修的進展」。反之，只要保持臨在，因為最重要的是當下的覺受。碎碎唸的念頭沒有關係。最好是臨在當下，而不要臆想著某個美好的回憶或是進步的徵兆那類事情。把那放下，留在當下。

當你在你的禪修中變得更自然時，它將開始流動。流動是非常重要的。這就像是一個溫暖的日子裡，先來了一陣涼風，接著來了一陣暖風。但你僅僅只是覺受著這些微風的感覺，允許它們繞著你流轉，並不駐足停頓。如果你在一個覺受當中停頓下來，將會需要你投入一些注意力，接著流動也將終止。

靜坐也像游泳，你選擇什麼泳式游過水去並沒有關係。你和水連結在一起。你享受從水中穿越，享受那個感覺，但並不特別留意手和腳在做些什麼動作，你比較進入那種與水成為一體的感官知覺。回頭說靜坐，當你感覺到寂止以及與靜坐續流之非二元連結時，可能你的念頭仍在以慣常模式顯現——各種的「游泳踢划動作」——但卻無礙。你的靜坐在流動。只要它沒有「暫停」，就繼續平滑向前。那是真正的安住其心。

◇下座禪修

到目前為止，敘述的都是正式的上座禪修。可以發願超越它，讓我們的修行在所有狀況下持續。大圓滿中，這叫做**下座禪修**。正式的上座禪修替我們充電，補充能量，讓我們得以帶進日常生活。所以電源插座在家中（或是其他我們靜坐空間所在處），我們從正式禪修得到的覺受，會啟發我們在日常活動中保持某種形式的修持。

最終我們不再需要倚靠坐墊，更何況現代生活如此忙碌，我們可能根本沒有很多機會坐下來禪修。所以如果我們打算修習靜坐，得在日常處境中把握機會。當我們經常十分活躍的時候，要歇下這個心，這有相當的挑戰性，但我們可以從小做起，一點一滴向前推進。因此，我認為日常作息中的短時間禪修也帶來顯著效益，即使只是幾分鐘。

如果你能在每個機會來臨——排隊等候、上班中的暫停時間、買東西……等——的時候，以非正式禪修讓心歇息，那力道是非常強勁的。然後過一陣子，這種想要禪修的激勵感，會輕而易舉自然來臨。如果不這樣做，就好比你去到語言學校學習一種新語言，你固然可以在教室中反複練習「哈囉，你好嗎？」隨你高興愛練多久就練多久，但是這樣對於真正學會這種語言是不夠的。你必須走出教室，到真實世界中練習，那兒事情進展得更快速，而且感覺不同。

例如，當你開車去上班，或在銀行排隊，或在餐廳等候侍者上菜的時候，這些都是時機，可以去感受心的覺醒狀態——遠離強迫性、壓力與緊張。我們可以保持敞開狀態，可以放鬆。請讓自己被這個可能性激勵，你可以在任何地點、任何時間做到這樣。這是下座禪修的內涵。

假以時日，你將能夠把這種敞開狀態與生活中的常態活動整合。關鍵在於，一天當中隨時提醒自己「這是可能的」，因為若不記住，你甚至根本不會開始練習。

◇離念禪修對自他的利益

把注意力放在敞開的心靈所覺受到的純淨，會帶給我們巨大能量，讓我們從焦慮中解放，壓力減輕了，也有益我們身體健康。一旦我們的修持有了一些成效，除了這些之外，離念禪修還能帶來什麼其他利益呢？我們可以向前邁進，利益自己、他人與環境。一顆壓力減少、比較清明而快樂的心，會自然創造很多快樂與幸福，並且會是一個幫助眾生解決問題的天然利器。當我們的心沉浸在和平與慈愛之中，會發射出正面能量，對環境產生影響，與智慧接軌，引導我們善巧行事。

佛教徒禪修很重要的是認清這個意樂——菩提心——乃我們做種種修行的主要理由。套一句愛因斯坦的話：「只有為他人而活的生命才值得活。」[43]如果你有這般純淨的發心，將具有更大潛力去持續深化你利益更廣大眾生的願力。例如，我們可能走進一個正在上演瘋狂事件的環境，而我們有能力做出一個正面貢獻。這是由於我們的禪定能量與寂止態度向他人輻射，以一個正面方式影響了他們。這是我們與他人分享覺受的一種方式，它很殊勝。

如同佛陀所說，當你希望幫助另外一個人的時候，首先你應當檢查你的自心。那樣做，你將會看清楚，走在那個當下的你，有著怎樣的心態、連結以及動機。那個正念會啟發你去看清自己的本然，而那會觸發菩提心——為他人服務的純淨意樂。

◇精微點

隨著我們的修持，我們對於內在覺受的專注力變得更為精細準確。起初我們的念頭好像是外來的，來自很遠的地方；我們沒有辦法把它們看清楚，很多細節看不見，就像遠觀

43 摘自《紐約時報》，六月二十日，一九三二。

一架飛機，只能看見大概的輪廓；然後它進入視窗，最後當它飛得更近的時候，我們才弄清楚機身上寫著什麼——「西南航空」或是「印度航空」等等。我們對於念頭的評斷類似於此。剛開始時，我們幾乎不會注意到，自己正在取受我們認為好的念頭，而排拒那些壞的念頭。它發生在我們的雷達測控下。但是隨著我們對禪修逐漸更熟悉，加諸自己內在覺受續流上那不著痕跡的修整，也變得顯而易見，並且瞭解自己在做什麼。於是我們有能力把它們放掉，而僅僅只是旁觀。

但即使我們認為只是在旁觀，還是可能落入一個更細微的語攀緣：「現在我在觀察一個好念頭」、「現在我在觀察一個壞念頭」。這是一種非常精微的批判形式——在好與壞之間製造一個分野，而那實際上並不存在。這個我們也必須要放掉。

如上所說，即使刻意不去執取任何東西時——不以任何方式操縱我們的覺受，仍可能落入一個陷阱，試著尋找一個方式或方法去「什麼都不做」。假如我們的禪修是離念的[44]，連那也不讓自己操心。

關於如何做到自由地禪修，實在沒有一個「如此這般」的標準解答。我們並不真正在

44 譯者註：這種靜坐名為 nonconceptual，它是離概念或是離分別的。從可以用名言（概念）解釋的角度去瞭解對象，稱為分別。

修正什麼或是提供某個對治方法，心僅僅只是完全自由而敞開地歇息著——連去關切自己是否自由也斷捨了。

經由修習，你或許察覺到論斷的過程分為兩部分：首先我們注意到某一件事情——某個念頭或是感知，然後接著批判與評論似乎主動跑進來了。我們可以試著輕鬆以待，觀察著內在或外界現象，但不急著批判。當念頭來了，心或許感覺到「不完美」——可能生起了「負向」思惟——但盡可自由敞開面對它，這是沒問題的。

從聽聞靜坐指導、閱讀靜坐手冊或書籍，我們可能得到一個印象，以為靜坐總是需要去做點什麼。或許我們已經把平常參與的粗計畫——處理檔案、事件、圖表——拋開，但是卻把我們的禪修變成一個細微層次的類似計畫。特別是離念禪修，我們必須留意，勿在上座時落入一個無止盡的標記、評斷、修改——「做個不停」——之模式，好像把禪修變成了我們的一個「最近期計畫」一樣。

談到臨在，談到「當下時刻」，對於不同的人或是不同的時間點而言，其代表的時間長度可能有所不同。那個時刻可能長，也可能短。重要的是，那個當下不帶著任何戲論造作：「我的靜坐是啥樣？」「目前情況如何？」「接下來會如何？」它不留下任何這類問題的痕跡，你只是臨在如目前覺受到的當下，就這樣安歇在非禪修之中。

◇靜坐實修指南

以廣納一切眾生作為你每一座禪修的開始，是很好的。個人可以代表一切眾生進行禪修——不只是你的雙親、子女、朋友……等，同時也包括各種動物，以及其他的生命型態。我們為了所愛而禪修，也為那些我們平素並不特別關愛的眾生而修禪，在他們之間不做任何區別。心持續擴展，關心並且愛護一切眾生，這是菩提心，而且它不但會為我們的修行增添力道，還同時確保能夠利益到每一個眾生。

我時常被問到，靜坐時眼睛應該張開還是閉上。雖然一般來說，這可由個人決定；但以離念禪修來說，則以張開眼睛為要。我們並不把眼見的東西屏絕在外，但同時也不置緣於任何對境上面。我們把凝視歇息在自己與周圍物件之間的空間。

如同其他各種禪修一樣，開始時先唸誦嗡、啊、吽的咒語，提醒我們把自己的身、語、心相連結。靜坐不只把心納入，很重要的是要把身體也容納進來。這樣做，可以感受到歇息的能量在脈中流動，而我們可以停留在那個放鬆狀態，真實感受禪修。

我們也要與語言連結並使之靜止。靜坐中的語主要是指心頭絮語，你可以稱之為「內在的播音」。當那個發生時，語攪起了念頭。它們可能輪番上陣，心頭絮語激發出更多微細的念頭，念頭又撩起更多的喋喋不休。要試著不去操忙，因為此時我們不需要被填滿。你已經很慷慨地為自己撥出時間來靜坐，這是非常珍貴的機會，應該用它來達成我們深度安歇的目標。

在此稍微深談一下關於此咒語的細節：嗡（Om）——身體——代表頂輪，顏色是白色的。啊（Ah）——語——連接到喉輪，是紅色的。吽（Hung）——智慧心靈——位於胸部中央，是藍色的。你可以用它們的聲音、能量和顏色，觀想位於你身體各個脈輪的這三個音節。如果你不認得這些藏文字母，就用此處所列的，對應英文字或中文字亦可。主要我們利用這些音節的寧靜能量來充電，並放鬆身體。它們也是佛陀以及聖者們已證悟之身、語、心的精華。而且有時我們可以運用這些能量與其他有情連結，例如當我們在群體中靜坐的時候。但是，使用這個咒語主要是提醒自己，在靜坐中要保持寧靜與連結。

我們的禪修地點在哪裡，並不真正造成很大的差別。即使在夏威夷度假，但假如我們的心騷動不安，就沒有真正休息，對吧？因此讓我們度一個心的假期吧！

☆修行重點提示

- 不要介入或過於重視念頭。

- 不要閃躲念頭，讓它們保持原狀。
- 不要捲入過去或是未來，只要臨在當下。
- 讓心自然地歇息。
- 不要跟隨念頭，只要臨在並保持自由。
- 不要捲入思惟著過去或是未來的念頭。不帶攀執地覺受當下時刻，同時自由敞開。
- 歇息在心性當中，不帶造作也沒有固著——只是歇息。

在一座結束時，可以把我們經由修行所累積的功德迴向給一切眾生——再一次的利益自己與他人。這裡有一個迴向文，你可能會喜歡採用：

以這次禪修的真諦力，
願一切有情具足安樂及安樂之因。
願他們遠離悲苦及悲苦之因。
願一切有情不離聖潔之樂，那是無苦的。
願一切有情住於平等捨中，無有貪婪與憎惡。
並願一切眾生相信一切有情盡皆平等。

＊問與答＊

問：我發現在靜坐中，當我的心開始安歇時，類似我睡眠中夢境的影象會現起。但我是醒著的。它非常鮮活——此刻它正在發生。在離念禪修中，該如何定位這個現象？

答：那有一點像在看電影，所以讓一切顯現吧。只要我們安歇其中，就沒有關係。大圓滿傳統告訴我們，如果發生了什麼事情，而我們將之識別為心的天然本性，那就沒有任何其他什麼了。因此，只要它沒有被增減修飾，那就是覺知。

問：當集體靜坐的我們歇息於心性時，我是歇息在我自己覺受的本性之中，那或許不同於身旁其他人的。這是不是表示，我們每個人有著不同的心性？

答：真正完全未受干擾的心不是一個私有覺受，它是比較「公共的」。那澄淨的心只有一個單一本性，所以它實際上是每一個人的心性。那一個覺知，可能被應用到不同的個體，或是它可能在觀察不同個體的念頭，因此有了差別。但是本初存在的「不生」[45]之天然純淨狀態，則是每個個體都相同的。

45 譯者註：此指佛法上所說的「不生不滅」的「不生」。

問：當談到嘗試安歇於心性時，我們說不要全神貫注於過去，也不要思考未來，但要試著安歇於當下。有時似乎我們是在嘗試走向一個非常非常狹窄的空間——這個當下片刻。但我在僅有幾次感覺自己似乎到達那個狀態的時候，它並不像是一個過去在他處、未來又在另外一處的當下片刻，而比較像是處在一個脫去時間的區域，任何一種區隔都消失了，然後你與一切連結——過去的一切、未來的一切、遍及虛空的一切。所以它是一個沒有任何特殊差異的所在嗎？

答：謝謝你。你說得太漂亮了，確實，你的描述完全符合這一種靜坐。總的來說，這是真的——這個當下時刻與未來和過去連結，而且它方方面面都沒有邊際。實際上，那正是大圓滿教法的精髓——沒有任何邊際。所以那是為什麼經由專注當下，我們領會到一種無邊界狀態。但如果我們總是有事，總在忙碌，被過去與未來牽動著，那麼邊際與鴻溝將永遠存在。因此，辨識出從那一切當中解脫的那個片刻，是非常有力而且重要的。我們將此識別稱為天然解脫。

問：仁波切，通常在工作一天之後的傍晚，我有時發覺自己心情非常放鬆，靜坐二十分鐘毫無問題；有時心裡還有一大堆激盪、一大堆困惑、一大堆干擾。我已經學習或正在嘗試學習的最困難課題之一，就是不去評斷那激盪。這似乎與我在非常平和寧靜地靜坐時的走向相同，它們似乎最後會到達相同所在，並且放掉如「我不能這麼激動，我必須專注，我必須要放鬆，我必須做所有這些事情」這類的論斷。如果我不去批判，似乎它總會自行解決。

答：的的確確是如此。在這第七種禪修中——甚至在第六種禪修時已稍微開始——我們把你可能用在每一個處境的對治或是工具全都放下。此處我們不做那些，而是讓它保持原狀，讓心歇息。如果你允許那樣，那麼心自然就不會跟隨正在發生的浪潮。正如你以上所說，假若你讓它順其自然，一個自然的轉化將會來臨。但如果你嘗試抗拒正在發生的事情，那可能只會攪起更多念頭。我想人們可以瞭解你所表達的觀點，但它其實非常微妙而且不容易解釋。

問：關於觀察念頭，我想請教一個問題。您曾經說過很多次，當念頭來的時候，你只觀察著它們；你只是觀察它們，然後放手隨它們去。但我總是發現，直到我已經有了那個念頭，我才能觀察它。然而因此我認為我已經跑去那裡，我已經進入那個念頭，已經參與其中。那麼就已經為時太晚，因為我已經在那裡——我在念頭中，黏在它上面。就好像直到我已經思考了它，否則我並沒有在觀察。然後，我想：「噢天哪，我跑進念頭了。」您瞭解我說的意思嗎？

答：是的，是的。這與我所說的「一旦你辨識出念頭，那麼你並不需要重新來過」是相關的。那個你醒過來並喊著：「噢，天哪！」的一剎那，就是覺醒時刻。然後你不需要真正為了任何事情倒轉回頭，只需要停留在那個當下：「好，現在我醒了。我知道。」因此維持在那個狀態，越長越好。過一會兒，你可能又變得有點迷迷糊糊。然後接著你再度醒過來，嚷著：「噢，天哪！」就像這樣，然後再次重複。因此你只要和那些覺醒的清新時刻同在，你不需要去製作一步紀錄影片。你瞭解嗎？

問（續）：你真的能到達那一步，在攀附念頭之前，實際上先見到它的生起嗎？

答：是的。在大圓滿法理與實修當中，有一些不同的方法可以讓你達到解脫。這一種叫做立斷或生起即解脫。有時辨識所花的時間較長，有時它非常迅速。要能瞬間辨識，必須要變得更加放鬆。

問：在整個七種靜坐中，呼吸方法是哪一種，有所差異嗎？舌頭該放在哪裡？它總是抵著上顎嗎？還有，需要一直跟隨著我們的呼吸嗎？

答：基本上，基礎禪坐結構要一直持續，但是當你來到離念禪修的時候，這已不是一件大不了的事情。經由靜坐系列的漸次進展，你可以放輕鬆一些，找出哪個姿勢讓你最舒服，於是你並不需要永遠這麼一板一眼。至於跟隨呼吸，只是用在止修階段，如果你選擇呼吸作為所緣對境時。你可以選擇任何所緣，例如一朵花。在所有不同形式的靜坐中，你都是自然地呼吸著。

問：仁波切，這個方法適用於行禪嗎？

答：絕對適用！例如，當你在森林中經行的時候，基本上你在試著關注你的呼吸。當你在行動——走路或跳舞或做其他任何事情——當中，你可以把呼吸與行動整合，而且這真正會給你很好的專注點。

法義回顧2：概觀大乘、金剛乘、與大圓滿之傳統修行法

這一部分，如同法義回顧1，對於偏好實修的靜坐者，可能會想略去不讀。要能成功修持這七種靜坐，並非缺它不可。然而如果你感到好奇，想要瞭解一下傳統藏傳佛教如何呈現大乘佛法、金剛乘以及大圓滿修持，本章的內容可能會引起你的興趣。

藉由修習後三種靜坐——大乘佛法、金剛乘與大圓滿，我們對於自己內心景緻得到一個更詳盡、精準的畫面。然而，如果尚未經由前述四種出自小乘佛法的初期禪修，把我們的心調伏到某種程度，要投入這些較為精細的修持途徑，可能會遇到困難。同時，最好避免論斷自己的能力與覺知的層次。並非一定得等到初期禪修完美之後，才能從後幾種禪修中得益。我們已經知道，用種種期望來撓擾自己，是禪坐中的一個主要障礙。無論採用哪一種方法，重點應該放在放鬆、敞開，和緩而持續的努力。

以下是傳統法義中關於精細禪修的一些簡單描述。至於現代禪修者對於這些法義應該瞭解和修習到什麼程度，此問題保持開放。無疑地，這將取決於各個特定學生的背景、習性、所受教育以及過去的業。曾經有一些在亞洲的西藏社區居住過的西方人，後來變成了

傳統西藏喇嘛的弟子，他們以一種近乎流傳於古代西藏的模式，把生命投入藏傳佛法的修持。在圖譜的另一端，則是另一些寧願閒閒逛著「靈修超市」的人，用直觀與體驗合成他們自己的修行道路。

這七種禪修計畫比較偏向傳統端，但用以呈現這些原始修行法的方式，則避開了現代禪修者嘗試學習一個極異文化的古老修行體系時所可能出現的一些誤解。它同時針對處理現代生活中的壓力與情緒障礙——那是古代西藏學生並不需要面對的困擾。但這樣做的同時，並沒有偏離修行的核心精隨。

◇大乘佛法與中道

大乘的字面解釋為「大的車乘」，這樣稱呼它，因為這條道路植基於純粹利他的動機，為了引導一切眾生脫離輪迴痛苦、到達證悟的真實幸福。誠然，對於他人受苦的同理心與感受力，會鞭策我們走向菩薩行，但真正能夠登上這一台大車乘的關鍵，卻是智慧。大乘佛法與中道哲理密不可分，中觀學派[46]義理中對此有極為清晰的定義。

46 中觀是一個關鍵性的佛教哲理，發展於印度，由西元第三世紀大智慧家龍樹所奠基。

中道的觀點切斷輪迴制約的二元性，並且轉化行者對於實相的認知，此觀點是慈悲與智慧的融合。如同前面所說，我們所觀察的實相通常是被相反兩極浸潤與制約的——好對應壞，上對應下，敵人對應朋友。就是這種狹隘的、心靈封閉態度滋養了二元性，而它也是痛苦的根源。帶來貪、嗔、痴、嫉、慢五毒的惑，植基於一個對於「我們是誰？我們是什麼身分？」的錯誤認知。當我們落入兩極——常見或斷見——中之一者，而不去瞭解或跟隨這兩極之間的中道時，我們心與意的惑於焉發生。

如同法義回顧1中稍微提及，依據這個觀點，所有眾生的本質既非絕對存在，也非僅為無意義的空無一物。大抵來說，我們傾向於常見，相信我們真實存在，如同我們經由六根所感知到的特性一般。我們把這一些特性——包括念頭與情緒——執為實有，誇大自己我相的堅實性，因而準備好接受「生命中不是開玩笑的大事」：憎恨我們的敵人，貪戀我們的朋友，動不動就嫉妒或是驕慢，並且對於「這一切只是幻覺產物」的事實保持懵懂無知。

然後當整個故事崩塌時——遭遇到無預警的或災難性的經驗、信心失落、精神疾病……等，我們便走向那另外的一個極端，感覺生命全無意義。如果我們徹底瞭解，我們的本質既無法被確切定義，也並非全無意義，我們將脫離自己加諸自己的痛苦。我們缺乏自性成立的存在，但是卻能夠光榮地覺知。經由此認知，我們進入無量悲心，因為我們了悟一切眾生的苦植基於幻覺——它是完全不必要的！

傳統上，修習中道起始於以理觀察所有任何一切的法，以便看清楚它們缺乏自性成立的存在；而我們所鑑別的這些法，只是一種人為標誌[47]的形式，加諸在各種不斷變遷的、相互依存之事件上面。

回到稍早在法義回顧1中所舉的例子。一場網球比賽之存在，要依靠著網球、網球拍、至少兩名球員、網球場、網球比賽規則，以及這個聚合體的標籤「網球比賽」。但是所有這些法當中，有沒有哪一個實際存在的**東西**本身**是**「網球比賽」呢？移開其中任何一項，網球比賽就崩解了（試想打一場沒有網球、沒有球拍、沒有球員、沒有球場或是沒有比賽規則的網球比賽）！而假設你回答說，網球比賽係包含其元素的那個**集合**，那麼究竟到哪裡可以找到那個集合呢？並沒有一個具體、獨立的事物，代表網球比賽的本質，網球比賽只是用在一個相互觀待活動上面的標記。

然而同時，網球比賽又並非不存在。如果它不曾存在，成千上萬的人們將不可能在打

47 譯者註：佛法上把這些安立在諸法上面的人為的標誌稱為「名言」。

網球、買網球用具、如癡如狂地觀看電視上的網球比賽。有時候我們稱「網球比賽」確實存在，但就像任何其他事物一樣，它並不如我們想像中那樣的堅實。我們可以放開心胸，接受網球是一個世俗（conventionally）存在的愉快幻覺，但它並非勝義（ultimately）存在。以中觀宗的術語來說，叫做「在勝義上，網球比賽缺乏自性成立的存在」。

傳統上觀修中道（修習中觀）包括以這種方式檢視諸法，達到一種像是「恍然大悟」的經驗，那會逐漸（或有時在彈指間）把我們從制約中解放出來。假以時日，意識會變得極為微細精煉。我們抵達一種非概念或造作而來的敞開——不是我們想像的東西。其目標是直接現證不二，我們敞開到超越了好與壞、上與下、敵人與朋友。

◇希望與恐懼

緊緊抓住希望與恐懼，乃是通往智慧之路的主要絆腳石之一。我們的希望與恐懼實際上是一個銅板的兩面。綁在帶有「希望」的態度上的，是對於自己這個願望「或許無法成真」的恐懼；而我們如果恐懼著什麼，例如害怕被從工作上解雇，那同時表示，我們正在期望自己不要被炒魷魚。認知到「緊抓此習慣只會製造緊張」時，我們可以單純藉著放鬆與觀察它們的現起，找到它們之間的一條中道。我們心中產生希望與恐懼，乃是輪迴模式以及制約造成的結果。

希望與恐懼的被制約根源可能極為隱微。我們隨身攜帶著它們已經很長一段時間，或許已經多生多劫。如果在靜坐時，對於細微顯現的希望與恐懼不去辨識、放鬆並朝之敞開，我們的禪修將被此幻覺接管並牽著走；我們正在修的，將不會是自己的解脫，而是持續的自我囚禁。

隱微的恐懼與固著是最難搞的障礙，因為它們是如此難以被我們察覺。但隨著我們的心變得更精細、更智慧，這些隱藏的陷阱會被注意到，越來越清晰，只要能夠覺知它們，我們將有能力扭鬆開來。如果我們不攀執也不介入它們，它們就沒有能力掌控我們。

◇修行的儀式

這七種靜坐是從藏傳佛教不分部派演繹而來，宗教儀式或宗教信仰並非修習它們的必備條件。即使如「加持」這般的「宗教性」字眼，也可簡單詮釋成所謂「實相」所散發出來的能量。這與佛教修行並沒有衝突。

然而，佛教——尤其藏傳佛教——如今以其儀式而著稱。你或許在媒體上看過或聽過神聖舞蹈、西藏特有樂器的音聲、彩色細沙在地面雕繪的精細壇城，以及唐卡繪畫上面的聖像等等。這些種類繁多的儀式具有多種目的——從西藏新年慶典，到增進療癒、長壽與財富的儀典，到為往生者做的繁複法事，甚至還有幫助死者通往開悟或投生善趣的儀式。傳統上，修行儀式在大乘佛教、金剛乘與大圓滿修行，都扮演著很重要的輔助角色。

這其中一個最重要而普遍的——包含許多其他儀式的基礎——是**四加行**，藏文是「前行」或「基礎」修持的意思。學習者此時進行一個五部分的次第修習：

1皈依佛、法、**僧**（共同修行的社群）；

2發菩提心；

3以持咒與觀想金剛薩埵，淨除一個人的罪障與過去造的業；

4以觀想獻曼達（代表宇宙以及象徵聖靈的一種神聖圖案）集聚福德資糧（靈能）；

5修習上師瑜伽（把行者連接到終極實相的一種加持形式）。

簡單地描述：

1皈依是正式接受佛教之道作為我們的導引與守護，直到菩提方休。通常口誦一個簡短的皈依偈頌，同時在佛的塑像或畫像前面禮拜。

2菩提心，如同我們已經學過，乃是慈心與悲心——為了一切眾生的緣故，希願能夠證得佛果，它同時也是修行的基本動機。

3淨罪幫助我們清除修行途中的障礙。

4福德資糧乃是為修行充能所必須。

5修習上師瑜伽得到的加持也是修行充能所必須，它並且可以讓行者一嚐心性的滋味。

◇金剛乘佛法

傳統金剛乘修法以本尊為中心。簡言之，修本尊包括：接受灌頂；從一位具格上師處得到傳法；觀想本人所從接受灌頂的那位特定本尊，或在修者體外、或實際上如修者自身（修者本人）。若採取「把自己觀為本尊」之修習途徑，理想上其人必須已經辨識出自己尋常人我的空性，並且已經實證，本尊的特質浸透了——或從之泉湧而出——此人的覺知，從而此人已「變成」該本尊。

一旦這個已經發生，行者會體驗到淨觀（又稱**聖觀**）。所有感知到的念頭皆為本尊的心，所有看見的事物都是本尊的身體，所有音聲都是本尊心咒。進一步，整個環境看起來就是這位本尊的淨土。學習金剛乘的行者，被鼓勵在一切時中保持此淨觀。

以上是關於本尊修法的一個非常基本的描述。它很複雜，涉及許多的咒語唸誦、數不清的觀想，以及有時冗長之所謂**成就法**（sadhana）的禮拜儀式。學習本尊修法有各種不同的方法，而且除非一個人對於空性的無分別實證很強，否則剛開始時，顯然必須以分別念進行之。

本尊代表已開悟的行相——即使他或她穿的衣物、珠寶、器具，都是這種品質的提示。一個鈴可能象徵空性，一條項鍊代表精進。就這樣，變成本尊的時候，一個人體驗到證悟者的心與視野。這是實相之淨觀。

描述金剛乘的關鍵詞是**轉化**。經由淨觀，我們的人性特質與環境等尋常世界，將被轉化成為它那純淨、證悟的天性。在第六種靜坐中，我們採取一個比較生機、比較不複雜的途徑來達到淨觀。

◇大圓滿

最後一種禪修是進入大圓滿的一個引導（大圓滿修法的其他名稱包括**阿底瑜伽**與**無上大圓滿**[48]。大圓滿與藏傳佛教寧瑪派關係特別緊密，藏傳佛教的其他部派也有類似的修

48 譯者註：梵文為 ati-yoga 與 mahasandhi。

法）。龍欽巴尊者把大圓滿形容為佛教修行的巔峰，從那兒俯視所有較低的峰頂——其他的修法或傳統，都被一覽無遺。也就是說，它們全都涵蓋在大圓滿裡面，大圓滿已經完備，屹立於它們之上。

大圓滿教法特別是依據以下觀點：本初純淨是我們的天然狀態，佛性、圓滿證悟為一切眾生本具——它是真實心性。所有的存在，不論內外，皆非二元對立，皆是證悟的本性。基於這個理由，體驗到這種真實本性的可能性，遍存於修習七種靜坐中的任何一種。一生中從來不曾修習禪坐的人，偶爾會體受到它。

完美的證悟，實質上，就是了悟我們**是**誰以及**是**什麼。因此，修習奢摩它與毗缽舍那（與身體一同安歇）的時候，輪迴的雲霧可能散開，證悟的陽光——那亙古長存者——有可能撥雲而出。

但那種了悟如何能夠恆續，使我們隨時可以覺受我們的真實本性呢？當然這沒辦法勉強。簡單地說，它下達深度放鬆，直到心與實相的真實本性合一的那個精微層次，所以我們必須盡可能時常修習，逐漸熟稔那迄今一直未被我們正確感知的實相。此處很重要的是，我們要把大圓滿修持從坐墊上擴展到日常生活當中，也就是所謂的下座禪修。

在傳統大圓滿修持中，本尊瑜伽、上師瑜伽以及其他法類，時常被用作輔助。修習上師瑜伽時，行者將自己的上師觀想為與蓮花生大士無二無別。然後行者從蓮花生大士——視為一位本尊——接收到身、語、心的加持，最後安歇在心性之中。

四加行也是大圓滿的一個重要輔助。並且當然嘍，如同其他所有修法，菩提心仍然是修持大圓滿的首要動機。實際上，當一個人覺受到絕對菩提心，體認一切眾生同屬珍貴的佛性時，大圓滿將會來得更強，也更容易——穩定性在增長。

依師與修信是所有這些修法不可或缺者。有一個說法是這樣的：單由對自己上師的強烈依止心，上師那已證悟的心，就會與學生的心成為「一味」。這種依止可以導向證悟。

雖然修習大圓滿的基本指引相當簡單，但是其障礙可能極為精微。其中有非常多的陷阱，例如對於輕安的體驗執取不放、從負面覺受中畏縮退卻等——所有這些，預期都會在大圓滿修行中出現，而且這些全都應該被無偏地視為道途中的徵兆。因此，對於絕大部分的學生而言，若要圓滿成就大圓滿之道，一位具格的老師是一定不可缺少的。

結語

傳統上，西藏修習禪坐的人包括瑜伽士、瑜伽女、出家人與在家居士。瑜伽士與瑜伽女是指跟隨某位禪修大師的引導，長期在僻靜處——森林中、岩洞裡或斗室裡面——閉關修行的比丘、比丘尼，或獨立修行者。出家人可能在他們的寺院裡遵循相似的儀軌修行，但他們未必全都修習禪坐。其中許多人投入了寺院為因應當地社區需求而舉辦的各類法會，或者忙於處理各種護持事宜（例如管理寺廟設施），或者他們是學者或擔任教授師。

在家居士有的可能時常練習禪坐，也有人可能只是偶爾坐一下，取決於他們受到的激勵與心中的意樂，以及他們的生活環境。如當年的馬爾巴尊者——偉大的瑜伽師密勒日巴的老師——就是一位在家的富裕農夫，也是位有名的佛法譯師。然而他同時是一位高度了悟的大師——在西藏傳統中被視為聖者——以及藏傳佛教一個主要教派的創立者。

現代的禪修者中，雖然也不乏瑜伽士與出家人，但大多數人卻很難找到時間與環境去遵循儀軌修行。我們生長在一個現代化的、步履快速的世界，多半已經被各種訓練、文化、習慣，以及——我們承認吧——業餘愛好等綁住。我們對於這種生活泰半已習慣成自然，至少我們早就接受了。

現代人若對靜坐有興趣，可能大部分是因為，禪修可用來對治壓力而受到吸引；現今這個高度緊張的工作、競爭、學習甚至家庭生活環境中，壓力是如此地無孔不入。所有需要閒適與寧靜心態去從事的事情，我們不再有時間做。我們必須衝，那就是壓力。

但是為什麼呢？說真的，我們的心必須如此忙碌嗎？我認為那是因為，人們雖然尋找快樂、友誼、舒適、愛、成功，以及幸福美滿之感——這些本是自然而美好的，卻倚靠物質世界來填滿這些需求，因而犯下了大錯誤。植基於物質主義的生活型態所構築的世界，通常既不誠懇又缺乏關懷，人們被綁在自我與自己的需求上。大家衝著去贏取通往幸福的物質鎖鑰，帶來很多壓力，但回報畢竟只是空，而且稍縱即逝。

人們已經發現：擺脫焦慮與壓力對健康有益，而靜坐則被證實可以減輕焦慮與壓力的症狀。靜坐讓我們得以暫時減速，把一些均衡帶進我們的生活。用靜坐緩解生活中的壓力非常有效。

放鬆帶來快樂——那是我們都在找尋的。然我們本身就具有真正內在快樂的潛力：一種自發的喜樂，那是我們心性本具的，有我們就有它。一旦我們經由靜坐放鬆下來，不須倚靠外界的刺激，我們就能開始感受快樂與內在的和平。

如今有越來越多的人對於佛陀開示的第一聖諦[49]所說、生命中深沉暗藏之苦已經有所感知。對於當中許多人來說，禪修是一種根治的方法，而非僅是症狀治療。這裡展示的七種靜坐，提供了一條可靠的道路，經由它，可以把苦的真正成因辨識出來，並且靠著持續力，我們可以將之克服。而對於那些受了啟發而厭離輪迴——放棄了現代生活，甚或依據傳統方式更加精進修行——的人，這些靜坐提供一個走向探索之旅的入門處，一個起步。

◇如何修

閱讀這本《歇心靜坐》，你可以只是為了得到靜坐的一般性資訊，但是它本質上是一個按部就班的實修計畫。或許你很快把全書從頭到尾翻閱一遍，借用幾個點子，就開始實驗了。那樣也有可能效果不錯，得看你是抱著怎樣的宗旨與目標。但如果你能更有耐性一些，依序練習這七種靜坐，從每一種得到一些覺受，然後繼續往下走，成果可能會更好。如同我在本書前言中所說，我的學生依照全年的課程進度修習這七種靜坐，然後再從頭反覆練習、深化修行，年復一年，看來已收穫豐盈。

49 編者註：四聖諦中的第一聖諦：苦諦。

當他們做到那樣之後，又額外找到一些補充材料，帶入他們的修行恆課。取材來源主要是藏傳佛教傳統（如法義回顧1和法義回顧2所概述），但很多人確實也借助了其他佛教傳統的修行方法，用以擴展與深化他們的禪修。如同良好的靜坐姿勢一般，設計這七種靜坐作為修行輔助時，也是有彈性的。附錄列舉了建議閱讀的書單，可用來強固這些修行。

如果你初學靜坐，但感覺它可能對你有幫助，那麼我要再次鼓勵你，每天至少一次短坐。如果你日常時程排得很滿，或許你可以把事情挪一挪，勻點時間出來坐一下。開始時每一座的時間短一點，並盯住每一種靜坐持續一段夠長的時間，直到你感受出這種靜坐。繼續持續，直到它變成你的朋友——那種你感覺相處自在，又相互瞭解的朋友。一旦你達到那個層次，繼續進展到下一種靜坐。時不時地回頭複習一下先前已經熟悉的靜坐形式，檢視一下它們之間的連結，也很不錯，那樣可以學到很多。等到你對規律靜坐的良好習慣已經習以為常時，不坐的時候，你會想念它。

然後，一旦你的禪坐開始穩定，一定要試著擴展，讓它進入你的日常生活。當你在一天當中往下走的時候，隨時保持正念，明曉自己身在何處、正在做些什麼。利用正常活動間常有的暫停空閒，放鬆你的心，或許專注在一個視覺物件、咒語，或是正向思惟上面。隨著生活中的靜坐與正式禪坐整合起來，你將開始感受到它的益處，包括禪坐中的強度與流動，還有你和環境之間更和諧的關係。更自在的時候，你將更能夠輕鬆地與朋友、同事、陌生人互動，並且，圍繞著你的四周將發展出更多的溫馨、尊重與友誼。最終你將發現，不需要刻意嘗試，你就能夠利益到他人。

當你更深地浸潤於禪修時，不可低估尋找一位具格上師的重要性。初學者和老參都時常遇到困難，而且，縱使你可能有能力自己釐清這一些困難問題，但一位老師通常可以省去你很多的時間。

最後，永遠不要忘記發展一個利他動機的重要性。你可能會驚訝悲心與慈心（菩提心）竟是如此能夠開啟你的心；而那種覺受的慈愛能量，竟是如此能夠推進你的修行與生命。當這一類的正向品質在你的修行中生根的時候，你會因為自己已將禪修變成生活的一部分而備感欣樂。

以下我以一個廣為人知的〈菩提心四句祈禱文〉為你們做總結：

殊勝菩提心珍寶，
諸未生者願生起，
願已生者勿退失，
祈願增上復增長。

附錄 1：建議閱讀[1]

第一種靜坐

◎ Johnson, Will. The Posture of Meditation: A Practical Manual for Meditators of All Traditions. Boston: Shambhala, 1996.

第二種靜坐

◎ The Dalai Lama. Stages of Meditation. Ithaca, NY: Snow Lion, 2003. [This is H.H. The fourteenth Dalai Lama' s commentary on Kamalashīla' s Stages of Meditation.]

達賴喇嘛。《禪修地圖》*。項慧齡、廖本聖譯。橡樹林文化。2003。（本書是第十四世達賴喇嘛論述蓮花戒大師《修行次第論》的論典）

◎ Lamrimpa, Gen. Calming the Mind: Tibetan Buddhist Teachings on the Cultivation of Meditative Quiescence. Ithaca, NY：Snow Lion, 1992.

第四種靜坐

◎ Analayo. Satipatthana: The Direct Path to Realization. Birmingham, UK: Windhorse, 2004.

無著比丘。《念住：通往證悟的直接之道》*。香光書鄉編譯組：釋自鼐、釋恆定、蘇錦坤、溫宗堃、陳布燦、王瑞鄉譯。嘉義：香光書鄉出版社，2013。

◎ Wallace, B. Alan. Minding Closely: The Four Applications of Mindfulness. Ithaca, NY: Snow Lion, 2011.

第五種靜坐

◎ Khyentse, Dilgo. The Heart of Compassion. New Delhi: Shechen,2006.[再版為：The Heart of Compassion: The Thirty-Seven Versus on the Practice of Bodhisattva （ Boston: Shambhala, 2007）.]

頂果欽哲法王。《你可以更慈悲：菩薩三十七種修行之道》*。項慧齡譯。蓮師中文翻譯小組（賴聲川、丁乃竺、劉婉俐、楊書婷、項慧齡）審定。高雄市：雪謙文化出版社。2007。

1 譯者註：作者原建議閱讀書籍中，若有中文譯本者，列於原書下方。

◎ McLeod, Ken. Reflection on Silver River: Tokme Zongpo' s Thirty-Seven Practices of a Bodhisattva. Los Angeles: Unfettered Mind, 2014.

◎ Shantideva. The Way of Bodhisattva. Translated by the Padmakata Translation Group. Boston: Shambhala, 1997.

寂天菩薩。《入菩薩行論》＊現代譯本有：隆蓮法師譯本與如石法師譯本。多處出版。免費結緣。

◎ Trungpa, Chögyam. Training the Mind and Cultivating Loving-Kindness. Boston: Shambhala, 2003.

丘揚創巴仁波切著。《心如野馬：轉化煩惱的修心七要》＊。鄭振煌譯。新北市：台灣明名文化，2009。

第六種靜坐

◎ The Dalai Lama. The World of Tibetan Buddhism: An Overview of Its Philosophy and Practice. Boston: Wisdom, 1995.

達賴喇嘛。《藏傳佛教世界——西藏佛教的哲學與實踐》＊。陳琴富譯。新北市：立緒文化事業有限公司，2004。

◎ Trungpa, Chögyam. Journey Without Goal: The Tantric Wisdom of the Buddha. Boston: Shambhala, 2000.

◎ Yeshe, Thubten. Introduction to Tantra: The Transformation of Desire. Edited by Jonathan Landaw. Boston: Wisdom, 2001.

圖敦耶喜喇嘛著。《藏傳密續的真相：轉貪欲為智慧大樂道》＊。釋妙喜譯。台北：橡樹林文化。2012。

第七種靜坐

◎ Nyima, Chokyi. Indisputable Truth: The Four Seals That Make the Teaching of the Awakened Ones. Hong Kong: Ranjung Yeshe,1996.

Schmidt, Marcia Binder. Dzogchen Primer: An Anthology of Writings by Masters of the Great Perfection. Boston: Shambhala, 2002.

◎ Tsoknyi, Drubwang. Carefree Dignity : Discourses on Training in the Nature of Mind. Hong Kong: Rangjung Yeshe,1998.

措尼仁波切。《覺醒一瞬間：大圓滿心性禪修指引》＊連德禮譯。台北市：眾生文化出版社，2014。

◎ Wolter, Doris. Losing the Clouds, Gaining the Sky: Buddhism and the Natural Mind. Boston: Wisdom, 2007.

佛法概論

◎ Bhikkhu Ñānamoli. The Life of the Buddha: According to the Pali Canon. Onalaska, WA: Pariyatti, 2003.
髻智比丘著。《親近釋迦牟尼佛—從巴利經藏看佛陀的一生》*。釋見諦、牟志京譯。台北市：橡樹林，2006。

◎ Chödrön, Pema. Start Where You Are: A Guide to Compassionate Living. Boston: Shambhala: 2001.
佩瑪丘卓著。《無怨悔的世界：學習心靈安住的智慧》*。葉芥譯。新北市：台灣明名文化，2009.

◎ Hanh, Thich Nhat. The Miracle of Mindfulness: An Introduction to the Practice of Meditation. Boston: Beacon Press, 1999.
一行禪師著。《正念的奇蹟》* 何定照譯。台北市：橡樹林，2012。

◎ Patrul Rinpoche, Dilgo Khyentse Rinpoche. The Heart Treasure of the Enlightened Ones: The Practice of View, Meditation, and Action. Boston: Shambhala, 1993.
巴楚仁波切撰頌，頂果欽哲法王闡釋。《證悟者的心要寶藏》*。劉婉俐譯。高雄市：雪謙文化出版社，2009。

◎ Sogyal Rinpoche. The Tibetan Book of Living and Dying. San Francisco: HarperSanFrancisco, 2012.
索甲仁波切著。《西藏生死書》*。鄭振煌譯。台北：張老師文化出版，1998。

◎ Surya Das, Lama. Awakening the Buddha Within: Tibetan Wisdom for the Western World. New York: Broadway books, 1998.

◎ Tulku Urgyen Rinpoche. Blazing Splendor: The Memoir of Tulku Urgyen Rinpoche. Hong Kong: Rangjung Yeshe, 2005.
祖古・烏金仁波切口述。艾瑞克・貝瑪・昆桑 / 馬西亞・賓德・舒密特紀錄。《大成就者之歌：法源篇—祖古・烏金仁波切靈修回憶錄》*。楊雅婷、郭淑清譯。台北：橡實文化出版社，2007。

轉世輪迴

◎ Stevenson, Ian. Where Reincarnation and Biology Intersect. Westport, CT: Praeger, 1997.

◎ Tucker, Jim B. Life before Life: Children' s Memories of Previous Lives. New York: St. Martin' s Griffin, 2008.

吉姆·塔克著。《當你的小孩想起前世》*。林群華譯。台北市：人本自然文化事業有限公司。2008。

空性

◎ Nāgārjuna. The Fundamental Wisdom of the Middle Way: Nāgārjuna' s Mulamadhyamakakarika. Translated by Jay L. Garfield. Oxford Universty Press, 1994.

龍樹菩薩 造頌。《中觀根本慧論》* 鳩摩羅什譯。

◎ Chandrakirti and Ju Mipham. Introduction to the Middle Way: Chandrakirti' s "Madhyamakavatara" with Commentary by Ju Mipham. Translated by the Padmakara Transkation Group. Boston: Shambhala, 2005.

月稱菩薩 造頌。《入中論》* 法尊法師譯。

◎ Wallace, B. Alan, and Brian Hodel. Embracing Mind: The Common Ground of Science and Spirituality. Boston: Shambhala, 2008. [Contains a ◎ simplified explain nation of emptiness derived from Nāgārjuna' s Mulamadhyamakakarika.]

宗教與哲學

◎ The Dalai Lama. The Universe in a Single Atom: The Convergence of Science and Spirituality. New York: Harmony Books, 2006.

達賴喇嘛著。《相對世界的美麗—達賴喇嘛的科學智慧》葉偉文譯。台北：遠見天下文化出版股份有限公司，2006。

◎ Richard, Matthieu, and Trinh Xuan Thuan. The Quantum and the Lotus: A Journey to the Frontiers Where Science and Buddhism Meet. New York: Broadway Books, 2004.

◎ Wallace, B. Alan （ed.）. Buddhism and Science: Breaking New Ground. New York: Columbia University Press, 2003.

◎ Wallace, B. Alan. The Taboo of Subjectivity: Toward a New Science of Consciousness. Oxford: Oxford University Press, 2004.

靜坐與健康

◎ Benson, Herbert. Relaxation Revolution: The Science and Genetics of Mind Body Healing. New York: Scribner, 2011.

◎ Thondup, Tulku. Bondless Healing: Meditation Exercises to Enlighten the Mind and Heal the Body. Boston: Shambhala, 2013.

東杜法王著。《無盡的療癒：身心覺察的禪定練習》丁乃竺譯。心靈工坊出版，2001.

附錄 2：詞彙表

二元知覺　dualistic perception

以名言安立的人為區別作為基礎的知覺，例如主與客、自己與他人、好的和壞的……等。

下座禪修　postmeditation

在正式禪坐之外的所有其他狀況中持續大圓滿禪修。

大乘佛教　Mahayana Buddhism

梵文「大的車乘」的意思。西元第一世紀發展於印度的一種佛教傳統，修行者尋求證悟之背後動機，是希求一切眾生從輪迴的痛苦中解脫。

大種　elements

在佛教教義中，天然的物質元素被概括區分為以下幾大類：地（堅硬性）、風（動搖性）、水（流動性）、火（熱性與冷性）、空、識，稱為六大種。

三摩地　samadhi（one-pointed meditation 一境性禪修）

與梵文名詞禪那（dhyana）相似，梵文指的是「無二意識」。主客之間沒有區隔，合而為一。

心性　nature of mind

與本然覺知、覺醒狀態、本初明覺、本質心、法性觀、真如妙智、脫時覺知、超驗智識、法身、淨覺……等詞義相同。

心靈　heart-mind

又稱為智慧心、心、靈性。它與人類善性——善良、正向、智慧的能量中心——是同義詞。以身體的部位來說，這個心——不要與大腦相混淆——位於胸部的中央。（心靈真正的、內在意涵必須經由體驗與直觀而習得）。

止修　calm abiding（**藏文**：shi-ney，**梵文**：shamatha）

由放鬆地專注於一個對境發展出心之寂止。

中道　Middle Way

用在一般情況（通常第一個字母為小寫）的時候，它的意思是避免極端，例如：沉溺於感官歡愉對應極端的禁慾主意， 希望與恐懼、自己與他人……等。這個名詞也可以用來指稱西元第二、三世紀時由龍樹菩薩所建立的印度佛教的中觀教派。（這時候，這個名詞的第一個字母用大寫。）

五蘊　the five aggregates

色（生理或物質）、受、想、行、識（包括五根識加上意識）。或另有其他名稱。

本初純淨　primordial purity

與心性、脫時覺知、絕對菩提心、淨覺……等同義。

加持　blessings

精神的能量與激勵，通常從禪修練習或是已開悟者那裡接收到。

正念　mindfulness

精神臨在。以放鬆的態度專注在一個所緣對境上時，此人是不散亂的。

生起即解脫　liberation upon arising

大圓滿修法的一個名詞，那時僅僅是一個念頭的生起，也就是它的解脫。

平等捨　equanimity

一種開放、廣闊、兼容並包的公正態度，超越了好對應壞、自己對應他人……等種種偏執。

外、內、密的層次　outer, inner, and secret level

外層次通常是指生理現象；內層次是指心在其通常的、輪迴的狀況；而密層次是指本初意識、心性。論及身、語、心的時候，外指的是口語，內是指心頭絮語，密是指與心頭絮語呼應之念頭的慣性模式。

半蓮花坐　half-lotus posture

與蓮花坐類似。但其中一腳，例如以左腳來說，要擺放在右大腿上，右腳則放在地上，隱藏於左腿或膝蓋的下面。或稱「半跏趺坐」。

自我　ego

植基於情緒、感官與念頭等習性上的一種個體的自我感受。（以原始用法來說，它是心理分析理論中「精神」的三大支分之一，擔任個人與現實之間有組織的意識仲裁者。）

自性　self-nature

固有本體，有時候稱為「從它自己那邊成立的」獨立性。

佛　Buddha

徹底證悟者（有別於歷史上的佛陀釋迦牟尼，或是任何一位特定的佛，例如當來下生的彌勒尊佛）。

我執　ego clinging

固著在一個個別化的「我」或「自我」的感受與信念上。

佐欽　dzogchen（梵文：ati-yoga, mahasandhi）

從藏文「大圓滿」與「大證成」翻譯而來，是離念禪修的一種形式，行者在此體驗實相的終極視圖。藏傳佛教中，它被認為是金剛乘的一部分。

法　Dharma

用在佛教宗教語境時，這個字是指佛教的教義與修行方法。用在比較通俗的用法時，這個梵文字詞（通常以小寫表示）則是指任何的相。

空性　emptiness

簡單而概括的解釋，這是指任何一個法都缺乏獨立的存在。一切的顯現並不是分離的實體，而是相互觀待的事件。空性被智慧心感知，遠離二邊，而且不可和一個空洞的、空空如也的「無一物」狀態相混淆。

空無所有　nothingness

這是一個斷滅見，代表一種空洞的真空、無任何意涵、「缺乏光與能量的黑洞」。

金剛乘　Vajrayana

梵文是「金剛鑽車乘」的意思。此佛教傳統把重心放在淨觀，視所有的經驗為本質純淨而且是已證悟的。在西元第一千年中葉於印度崛起。

空闊　spaciousness

一種敞開、警醒、不散亂的狀態。

咒語　mantra

這個梵文字眼是 mana traya 的簡稱，意思是「心的庇護」。佛教的咒語是帶著重要象徵意義的唸誦短語，而且，有時單由音聲就能產生效益。

固著　fixation

一種經常是習慣性的、下意識地貪著某個物件或是見解。與執（clinging）（用在我執時）詞義類似。

長老派　Theravada（Hinayana 小乘佛教）

現存最古老的佛教教派，如今主要流傳在東南亞洲一帶。著重於個人從輪迴中得到解脫。

直指教授　pointing-out instruction

由一位大圓滿教師親授的教導，喚醒一個人去到當下以及覺知的本性。

相互觀待　interdependence

依據佛教教義，特別是大乘佛法中，認為一切法的存在都是依賴著別的法。這也包括為一個法貼上標誌的意識。因為是相互依存的，故一切法都缺乏——完全不含有——獨立的或是由自方成立的存在。

相對菩提心　relative bodhicitta

植基於辨識出同行眾生的受苦，並以同理心對待，以分別念發展出來的菩提心。

潛流思緒　undercurrent thoughts

正常心識感知不到，或是幾乎無法感知的隱微型念頭。

毘盧遮那七支坐法　seven-point posture of Vairochana

簡單說，這個坐姿包括：一、雙腳交盤坐在地上；二、背脊挺直放鬆；三、下巴內縮；四、目光微微下垂；五、雙肩呈牛軛狀；六、雙臂平衡；七、舌抵上顎。

脈、風、能量（或精華）　channels, winds, and energies（or essences）（**梵文**：nadi, prana, bindu；**藏文**：tsa, lung, tigle）

藏傳佛教教義中，這是構成微細身的精神能量系統。簡單基本的描述是：能量被風推動在脈中流動。中國的針灸、太極與氣功也提出一個類似的系統。又稱無形身。

脈輪　chakras

位於身體中特殊位置點的能量中心。有一種說法是，它們分別位於頭部、喉嚨、心臟、肚臍、性中心，以及脊椎的基部。

涅槃　nirvana

梵文是「超越悲傷後之狀態」。由一個未受制約之心、煩惱淨除後之心的狀態所體驗到的世界。

淨土　pure land

與淨界、佛土同義。這個樂土——遠離一切痛苦——從一位佛完全無私的利他宏願中生起。

淨想　pure perception

又稱聖觀，通常是指觀見萬法純淨證悟的本性。也用於指稱本尊修法時的狀態，那時所有念頭皆被視為本尊的心，所有音聲都是本尊的語，所見一切皆為本尊的身。

淨覺　rigpa

藏文名詞直譯為「知識」，但是指超驗的智識、超越時間的覺知。（參考以上所說心性的解釋）。

淨觀　pure vision

與淨想、聖觀同義。

奢摩它　shamatha

參見止修。

悲心　compassion

帶著終結一切苦痛之願望的一種開放、寬宏的態度，去擁抱自己以及他人。

無常　impermanence

佛教教義中，一切制約下存在的法之剎那間的生、住與消融。所有緣起的法都是無常的，無常是存在的三個印記之一（另外兩種是苦與無我）。

菩提心　bodhicitta

對於自己與他人的慈心與悲心。佛教教義中的菩提心區分為兩方面：相對菩提心，一種以分別知發展慈心與悲心的修行；絕對菩提心，是本覺、本初純淨等的同義詞。菩提心還有一個定義，就是發願為了利益一切眾生的緣故，希望證得菩提。它與覺醒的心同義。

絕對菩提心　absolute bodhicitta

從智慧中生起的慈心與悲心。與本初純淨、心性、淨覺等同義。

慈心　loving-kindness

希望一切眾生皆能擁有安樂之祈願。（與悲心類似）。

瑜伽士、瑜伽女　yogi, yogini

藏文指「追求與實相的基本天性融合之修行者」。

微細身　subtle body

又稱為無形之身，參考以上所說脈、風與能量。

聖觀　sacred outlook

與淨想、淨觀同義。

蓮花坐　lotus posture

又稱全蓮花坐姿，坐在地上，雙腿交盤，雙腳分別擱在另一邊的大腿上。或稱「跏趺坐」。

緬甸式坐姿　Burmese posture

左腳撐著鼠蹊部，右腳放在它前面的靜坐坐姿（當然左右可以交換）。

輪迴世間 samsara

有情眾生以被遮蔽之心智模式與感官知覺所體驗到的世界。又稱輪迴（cyclic existence）。

慧 wisdom

此處這個名詞通指一種對於存在本質的直接、非分別之洞察或覺知，有別於經由分別思惟所得到的知識。

簡單坐姿 easy posture

雙腿交叉，左腳在右大腿下，右腳在左膝下的靜坐坐姿（並且隔一陣子左右交換）。

證悟 enlightenment

個體經由淨除所有罪障並且圓滿一切相智，而覺醒進入心的真實本性。

攀執 grasping

對於某個對境投入、操縱、增減、杜撰或新創一個虛妄分別的瞭解。與固著（fixation）詞義類似。

覺醒狀態 awakened state

辨識出心性、覺醒的本質……等。

觀修 insight meditation（巴利文：vipassana，梵文：vipashyana，藏文：lhag-tong）

觀察穿透表層，進入我們的內在本性，到達一切諸法實相的禪修。如其實相觀察諸法。觀入萬法的空性。

致謝

我要感謝香巴拉出版社的編輯群，謝謝他們的鼓勵與辛勤工作，使得本書得以順利出版——特別是資深編輯 David O’Neal 與助理編輯 Ben Gleason。也要感謝審稿編輯 Matthew Zuiho Perez 以及校對編輯 Nancy Crompton。特別感恩祖古東杜法王，一位偉大的修行者、佛法書籍作者、佛法師長，他慈悲地允諾為本書撰文推薦。

成書的最初階段，由 Pema Kilaya 僧伽團體的許多朋友通力合作，包括：Jeanne Lepisto, Leslie Tinker, Karen Carbone, Shanti Loustaunou, Spirit Wiseman, Rob Harrison, John Helios Akef, Alice Treutlein (Tseringma), Suzanne Scollon, Lynn Hays。此外，Diane Rigdzin Berger 與 Barbara Berger 提供了精闢的意見與建議。Janice Baragwanath 繪製了禪修姿勢的美麗插圖。所有文稿由我的授課錄音（由 Bruce Dobson 專業錄製）集結而成，經過 Brian Hodel 帶著靈感與熱忱加以轉錄編輯（他並願對此出版品若出現任何錯誤負完全的責任）。

最後，我也要對過去五年來曾參加美國華盛頓州惠得比島 Pema Kilaya 中心——耶喜長屋——週一晚間七種靜坐系列的所有朋友、以及協助這個計畫的所有員工會員 Cary Peterson, Jeanne Lepisto, Mully Mullally, Bruce Dobson, Tsering Wangmo, 以及 Heidi Oman 致上謝忱。

作者簡介

扎・格龍祖古晉美丹真曲紮仁波切（H. E. Dza Kilung Tulku Jigme Tendzin Chodrak Rinpoche，簡稱格龍仁波切）是晉美俄察降措（H. H. Jikmé Ngotsar Gyatso）的第五任轉世，後者是十八世紀一位已開悟大修行者，並在東藏康巴的雜曲卡（Dzachuka）地區建立了格龍寺（Kilung Monastery）。

仁波切幼年即被正式發現為一位祖古（轉世活佛），後經頂果欽則仁波切（H. H. Dilgo Khyentse Rinpoche）、多智欽仁波切（H. H. Dodrupchen Rinpoche）、佐欽仁波切（H. E. Dzogchen Rinpoche）等認證為第五世格龍仁波切。仁波切在十幾歲的青少年初期就完成了一次三年閉關，並於十七歲時接掌格龍寺。

格龍仁波切於一九九三年前往印度佛教聖地，展開短期的朝聖之旅，出乎意料的，這趟旅程延長到了七年。在印度的期間，他遇到一些西方學生，他們邀請仁波切來到美國教學。一九九八年，他前往美國，在西雅圖地區集結了僧伽團體，並開始把他的時間分配給格龍寺以及西方國家的弘法之旅，去到的地區迄今已經包括歐洲、南美洲、印度、東南亞、亞洲各地。仁波切目前住在美國西雅圖北面的惠德比島（Whidbey Island）上。

格龍仁波切是格龍基金會（Kilung Foundation）的創始主任，在回應西方社會希求佛法教導之呼喚的同時，他也把人道救援送往東藏的雜曲卡地區。

歇心靜坐：從初學到深入的靜坐七法，開啟通往內在自由之道

The Relaxed Mind: A Seven-shep Method for Deepening Meditation Practice

作　　　者　格龍仁波切（Dza Kilung Rinpoche）
譯　　　者　張圓笙
責 任 編 輯　徐藍萍

版　　　權　吳亭儀、江欣瑜
行 銷 業 務　周佑潔、林詩富、吳淑華、吳藝佳
總　編　輯　徐藍萍
總　經　理　彭之琬
事業群總經理　黃淑貞
發　行　人　何飛鵬
法 律 顧 問　元禾法律事務所　王子文律師
出　　　版　商周出版　115 台北市南港區昆陽街 16 號 4 樓
電話：(02) 25007008　傳真：(02)25007579
E-mail：ct-bwp@cite.com.tw　Blog：http://bwp25007008.pixnet.net/blog
發　　　行　英屬蓋曼群島商家庭傳媒股份有限公司城邦分公司
115 台北市南港區昆陽街 16 號 8 樓
書虫客服服務專線：02-25007718　02-25007719
24 小時傳真服務：02-25001990　02-25001991
服務時間：週一至週五 9:30-12:00　13:30-17:00
劃撥帳號：19863813　戶名：書虫股份有限公司
讀者服務信箱 E-mail：service@readingclub.com.tw
香 港 發 行 所　城邦（香港）出版集團有限公司
香港九龍土瓜灣土瓜灣道 86 號順聯工業大廈 6 樓 A 室
E-mail: hkcite@biznetvigator.com　電話：(852)25086231　傳真：(852)25789337
馬 新 發 行 所　城邦（馬新）出版集團 Cite (M) Sdn Bhd
41, Jalan Radin Anum, Bandar Baru Sri Petaling, 57000 Kuala Lumpur, Malaysia.
Tel: (603) 90563833　Fax: (603) 90576622　Email: services@cite.my

線上回函卡

封 面 設 計　張燕儀
印　　　刷　卡樂製版印刷事業有限公司
總　經　銷　聯合發行股份有限公司　新北市 231 新店區寶橋路 235 巷 6 弄 6 號 2 樓
電話：(02) 2917-8022　傳真：(02) 2911-0053

■ 2018 年 4 月 26 日初版
■ 2025 年 3 月 4 日二版

Printed in Taiwan

城邦讀書花園
www.cite.com.tw

定價 380 元

ISBN 978-626-390-457-6

國家圖書館出版品預行編目 (CIP) 資料

歇心靜坐：從初學到深入的靜坐七法，開啟通往內在自由之道 / 格龍仁波切 (Dza Kilung Rinpoche) 著；張圓笙譯. -- 二版. -- 臺北市：商周出版：英屬蓋曼群島商家庭傳媒股份有限公司城邦分公司發行, 2025.03
面；　公分
譯自：The relaxed mind : a seven-shep method for deepening meditation practice.
ISBN 978-626-390-457-6(平裝)

1.CST: 藏傳佛教 2.CST: 佛教修持 3.CST: 佛教說法

226.965　　114001684